税務のわかる
弁護士が教える

弁護士・税理士
谷原 誠 [著]

# 税務調査に役立つ "整理表"

## 納税者勝訴判決から導く "七段論法"

ぎょうせい

# ❖はじめに❖

　税務調査において、課税庁と納税者（税理士）との間で法律解釈・事実認定・法適用などで、見解の相違が生じることがあります。このような場合には、課税庁と納税者とで見解の相違を解消すべく交渉をすることになりますが、多くの場合に口頭で交渉が行われるため、お互いの理解の前提が異なったり、一つの用語を異なる意味に解釈するなどの理由で、平行線に終わり、又は議論がかみ合わないことがあります。

　その結果、誤った判断に基づく修正申告の勧奨が行われたり、違法な更正・決定等が行われることになります。誤った更正に対し、不服申立や税務訴訟により、更正処分が取り消されることはありますが、本来であれば、税務調査段階において、課税庁の判断の過誤が是正されるべきであることは言うまでもありません。

　そこで、本書では、いかなる段階で、いかなる理由により誤った更正等の処分が違法となるのかについて、過去に課税庁が敗訴した税務訴訟判決、つまり、課税庁が誤った更正等の処分を行った事例を分析することにより、課税庁の判断に過誤が生じる段階を七段階に分けて解説します。

　その七段階とは、次のとおりです。

　　第一段　法律解釈
　　第二段　事実認定
　　第三段　法適用（当てはめ）
　　第四段　信義則・裁量権の逸脱・濫用
　　第五段　手続違背
　　第六段　錯誤
　　第七段　理由附記

本書は、上記の一段から七段において、課税庁の判断の過誤を回避すべく「納税者主張整理書面」を課税庁宛て提出する方法を提案するものです。そして、第七段の理由附記の違法には、再調査の請求等の利用を勧めるものです。私の造語ですが、「税務調査における法的七段論法」と呼んでいます。

　この税務調査における法的七段論法は、課税庁と対決して勝利することを目指すものではありません。課税庁と納税者との見解の相違を、七段階において解消することにより、誤った更正等がなされないようにして、適正な納税義務の実現を目指すものです。

　そのような趣旨から、ぜひ租税職員にも本書を読んでいただき、七段階において、適法性を検証していただき、違法な税務調査や誤った更正等がなされることがないよう留意していただきたいと願う次第です。

　国税庁課税部から平成21年10月5日に発出された全国国税局課税（第一・第二）部長（次長）会議資料を見ると、国税庁の基本的な姿勢が現れています。

　まず、「調査事案への適切な対応」では、「納税者の主張に十分耳を傾けるとともに、常に、必要な証拠の収集・保全及び事実関係に即した的確な事実認定を行い」と記載し、次に「異議事務」においては、「異議申立てについては、納税者の正当な権利利益の救済を図るとともに行政の適正な運営を確保するという不服申立制度の趣旨を踏まえ、公正な立場で充実した調査・審理を行」うとしています。ところが、「訴訟事務」では、「税務訴訟は税務行政の適法性が公開の法廷で問われるものであり、個別事案としてマスコミの関心も高く、その結果は税務行政全体に大きく影響することから、的確な訴訟遂行により、勝訴判決を積み重ね税務行政に対する国民の信頼を確保していく必要がある」としています。

　つまり、税務調査及び異議（通則法改正後は再調査）の段階では、

納税者の主張に十分耳を傾け、又は納税者の正当な権利利益の救済を図ることを重視していますが、一旦税務訴訟になると、納税者の利益よりも、勝訴判決による税務行政に対する国民の信頼の確保の要請の方を重視する（つまり、何が何でも勝訴する）姿勢が明確にされているものです。

　このようなことからも、税務訴訟の前段階、つまり、税務調査の段階で課税庁の過誤を回避することが要請されるものです。

　また、法的七段論法は、税理士の諸先生方の税務調査のやり方を変更するよう求めるものでもありません。税理士の諸先生方は豊富な実務経験を通して、鋭意工夫された税務調査対応方法があると思います。その税務調査対応をしていただいている過程において、課税庁との間で見解の相違が生じ、口頭の議論ではその相違を解消することができない時に、双方の主張を整理した「整理表」を作成した上で、「納税者主張整理書面」及び証拠書類を作成し、提出する、という一手間を加えることを提案するものです。

　法的七段論法が、税理士の諸先生方の業務に少しでもお役に立つことができれば幸甚です。


平成31年3月

谷 原　誠

# ❖目　次❖

はじめに

凡　例

## 序章　なぜ、誤った修正申告の勧奨、更正・決定等がなされるのか

1　ある税務調査の事例（その1）······························ 2

2　ある税務調査の事例（その2）······························ 4

3　納税者主張整理書面の活用 ································ 6

　⑴　ある税務調査の事例（その1）に関する納税者主張整理書面の例／6

　⑵　ある税務調査の事例（その2）に関する納税者主張整理書面の例／9

## 第Ⅰ章　税務調査と質問検査権・更正等

1　申告納税方式と更正・決定 ······························14

2　税務調査の流れ図 ······································15

3　税務調査のプロセス ····································17

4　質問検査権とは ········································18

5　質問検査権の適法要件 ··································21

6　質問応答記録書 ········································23

7　争点整理表 ············································26

　⑴　形式基準／28

　⑵　実質基準／28

8　更正・決定・賦課決定 ··································35

9　理由附記 ··············································37

## 第Ⅱ章 法的三段論法

1 法的三段論法とは ・・・・・・・・・・・・・・・・・・・・・・・・・・・・・・・・ 40

2 法規範（法律解釈）・・・・・・・・・・・・・・・・・・・・・・・・・・・・・・・・ 41

　⑴　文理解釈／41

　⑵　論理解釈／42

　⑶　歴史的解釈／43

　⑷　目的論的解釈／43

　⑸　借用概念と固有概念／43

3 事実（小前提）・・・・・・・・・・・・・・・・・・・・・・・・・・・・・・・・・・ 44

4 法適用（当てはめ）・・・・・・・・・・・・・・・・・・・・・・・・・・・・・・・ 45

## 第Ⅲ章 更正・決定等の前提としての事実認定

1 課税要件事実の主張立証責任 ・・・・・・・・・・・・・・・・・・・・・ 48

2 立証責任に関する裁判例 ・・・・・・・・・・・・・・・・・・・・・・・・・ 49

3 主要事実、間接事実、補助事実 ・・・・・・・・・・・・・・・・・・ 53

4 事実の証明度 ・・・・・・・・・・・・・・・・・・・・・・・・・・・・・・・・・ 53

5 動かし難い事実 ・・・・・・・・・・・・・・・・・・・・・・・・・・・・・・・ 54

## 第Ⅳ章 納税者勝訴判決に見る課税庁の判断の誤り

序　更正が違法となる七つの場面・・・・・・・・・・・・・・・・・・・・・・・・ 58

1 法律解釈で処分が違法とされた裁判例 ・・・・・・・・・・・・・・ 59

　⑴　文理解釈が問題となった裁判例／59

　⑵　借用概念／62

　⑶　目的論的解釈／64

　⑷　私法上の法形式を重視／66

2

⑸　ステレオタイプ解釈の禁止／68

　　⑹　通達に対する法律の優越性／69

　2　事実認定で処分が違法とされた裁判例 ・・・・・・・・・・・・・・・・・・ 72

　　⑴　立証責任／72

　　⑵　社会通念／74

　3　法適用（当てはめ）で処分が違法とされた裁判例 ・・・・・・・・ 77

　4　信義則・裁量権の逸脱・濫用により処分が違法とされた

　　裁判例 ・・・・・・・・・・・・・・・・・・・・・・・・・・・・・・・・・・・・・・・・・・・・・・・・・・・・ 81

　5　手続違背が違法とされた裁判例 ・・・・・・・・・・・・・・・・・・・・・・・・・・ 84

　6　錯誤を理由に処分が違法とされた裁判例 ・・・・・・・・・・・・・・・・・ 87

　7　理由附記が違法とされた裁判例 ・・・・・・・・・・・・・・・・・・・・・・・・・・ 89

　8　再調査の請求 ・・・・・・・・・・・・・・・・・・・・・・・・・・・・・・・・・・・・・・・・・・・・ 91

　9　審査請求 ・・・・・・・・・・・・・・・・・・・・・・・・・・・・・・・・・・・・・・・・・・・・・・・・ 96

## 第Ⅴ章　税務調査における法的七段論法

**第一段　法律解釈** ・・・・・・・・・・・・・・・・・・・・・・・・・・・・・・・・・・・・・・・・・・ 101

**課税庁が租税法律主義に反した事例** ・・・・・・・・・・・・・・・・・・・・・・ 101

　　さいたま地裁平成16年4月14日判決・判タ1204号299頁

　　事　　案／101

　　判　　決／102

　　解　　説／105

　　納税者主張整理書面／106

**第二段　事実認定** ・・・・・・・・・・・・・・・・・・・・・・・・・・・・・・・・・・・・・・・・・・ 112

　1　立証責任が問題となった事例 ・・・・・・・・・・・・・・・・・・・・・・・・・・・ 112

**立証責任を理由に国が敗訴した事例** ・・・・・・・・・・・・・・・・・・・・・・ 112

　　名古屋地裁平成26年4月24日判決（納税者勝訴・TAINS　Z264−12462）、名古
　　屋高裁平成26年12月11日判決（納税者勝訴確定・TAINS　Z264−12574）

　　事　　案／112

判　　決／113

解　　説／117

納税者主張整理書面／118

### 立証責任を理由に国が敗訴した事例・・・・・・・・・・・・・・・・・・・・ 124
仙台地裁平成24年2月29日判決（TAINS　Z262–11897）

事　　案／124

判　　決／125

解　　説／127

納税者主張整理書面／128

## 2　社会通念 ・・・・・・・・・・・・・・・・・・・・・・・・・・・・・・・・・・・・・・・ 132

### 課税庁の行った事実認定の誤りを指摘した事例・・・・・・・・・・ 132
東京地裁平成24年6月21日判決・判時2231号20頁

事　　案／132

判　　決／133

解　　説／135

納税者主張整理書面／136

## 3　動かし難い事実 ・・・・・・・・・・・・・・・・・・・・・・・・・・・・・・・・・ 142

### 「動かし難い核となる事実」を元に課税処分を取り消した事例 ‥ 142
東京地裁平成25年10月31日判決（TAINS　Z263–12326）

事　　案／142

判　　決／143

解　　説／144

納税者主張整理書面／145

# 第三段　法適用（当てはめ）・・・・・・・・・・・・・・・・・・・・・・・・・・・ 150

### 課税庁が「法適用」（当てはめ）を誤った事例・・・・・・・・・・・ 150
最高裁平成27年6月12日判決・判時2273号62頁（TAINS　Z2651–2678）

事　　案／150

判　　決／152

解　　説／155

納税者主張整理書面／156

●目　　次

**第四段　信義則・裁量権の逸脱・濫用**······················161

**裁量権の逸脱・濫用を理由として青色申告承認取消処分が
取り消された事例**····························161

横浜地裁平成17年6月22日判決（TAINS　Z255-10060）

事　　案／161

判　　決／162

解　　説／167

納税者主張整理書面／168

**第五段　手続違背**···································174

**税務調査手続に違法性が認められた事例**··············174

大阪高裁平成10年3月19日判決・税資231号109頁（TAINS　Z231-8116）

事　　案／174

判　　決／176

解　　説／178

内容証明郵便例／180

**第六段　錯　　　　誤**·······························182

**過去に納税者の錯誤の主張が認められた事例**···········182

京都地裁昭和45年4月1日判決・行集21巻4号641頁

事　　案／182

判　　決／183

解　　説／184

納税者主張整理書面／185

**第七段　理由附記**···································189

**記載された理由が不備であるとして処分取消訴訟を提起した
事例**··········································189

大阪高裁平成25年1月18日判決・判時2203号25頁

事　　案／189

判　　決／190

解　　説／192

納税者主張整理書面／193

5

## ◆付録

**納税者主張整理書面作成のための時系列表と納税者主張整理表**

　〜時系列表と納税者主張整理表の作成の必要性〜‥‥‥‥‥ 199

## ❖凡　例❖

　本書における裁判例が掲載されている判例集等には次の略称を使用しています。

| | |
|---|---|
| 税務訴訟資料 | 税資※ |
| 訟務月報 | 訟月 |
| 判例時報 | 判時 |
| 判例タイムズ | 判タ |
| 最高裁判所民事判例集 | 民集 |
| 租税判例百選 | 百選 |
| 行政事件裁判例集 | 行集 |
| 最高裁判所刑事判例集 | 刑集 |

※税務訴訟資料（平成19年分以降）は、国税庁のwebサイト
　（http://www.nta.go.jp/about/organization/ntc/soshoshiryo/index.htm）
　でも閲覧可能です。

○税理士情報ネットワークシステム（TAINS）
　TAINSコードの表記例　⇒　TAINS　Z259-11151

# 序 章

## なぜ、誤った修正申告の勧奨、更正・決定等がなされるのか

序章　なぜ、誤った修正申告の勧奨、更正・決定等がなされるのか

# 1　ある税務調査の事例（その1）

医師に対して医薬品の製造販売をすることを業とする株式会社が、大学病院の医師等から医学論文の英文添削の依頼を受け、米国の添削業者に添削を外注していました。そして、依頼者である医師からは、国内業者の平均的な英文添削料を徴収していましたが、外国業者に支払う料金は、医師から徴収する料金の約3倍の金額でした。この会社は、寄附金として処理していたところ、調査官から指摘が入りました。

調査官　「添削を依頼してくる医師らは、どんな人達ですか？」

**納税者**　「若手の研究者、大学の医学部や大学病院の教授や助教授等です」

調査官　「では、寄附金ではなく、交際費ですね」

**納税者**　「いえ、主に若手の研究者らの研究発表を支援することを目的に始めたものであり、交際目的ではありません」

調査官　「でも、依頼者は、御社の事業に関連する人達ですよね」

**納税者**　「そうですが、多くの依頼者は、若手研究者で、取引相手としての重要度は低い方々です」

調査官　「でも、御社の事業に関連する人達に、無償で差額負担をしてあげているわけですよね。だったら、交際費です」

**納税者**　「この差額負担によって、当社は、研究者らと親睦を図る目的や取引を円滑にする目的は持っていません」

調査官　「では、英文添削は、事業に全く無関係の人の依頼も受けていますか？」

**納税者**　「それは、ありません」

調査官　「では、寄附金ではありませんね。事業に関連する人のみに便利を与えているのですから」

どこまでいっても平行線です。なぜ、このようなことになってしまうのでしょうか。

このケースでは、調査官と納税者が異なる法律解釈を前提として、質疑応答を繰り返しているために、議論が平行線になってしまっています。どのような要件が満たされた場合に交際費と認定されるのかについて、調査官と納税者とで見解が異なっているのです。そして、見解の相違を解消することなく、場違いな議論を続けています。

交際費の意義については、二要件説と三要件説があります。二要件説は、(1)支出の相手方が事業に関係ある者等であり、(2)支出の目的が、かかる相手方に対する接待、供応、慰安、贈答その他これらに類する行為のためであること、という要件を満たせば交際費に該当する、というものです。三要件説は、(1)支出の相手方が事業に関係ある者等であり、(2)支出の目的が事業関係者等との間の親睦の度を密にして取引関係の円滑な進行を図ることであるとともに、(3)行為の形態が、かかる相手方に対する接待、供応、慰安、贈答その他これらに類する行為であること、という要件を満たせば交際費に該当する、というものです。

調査官は二要件説を前提に質問検査を実施しており、納税者は三要件説を前提にして回答しているために、議論が平行線になってしまっています。

判例では、東京高裁平成15年9月9日判決・百選第6版59事件以降、三要件説が主流となっており、調査官の主張は通らない可能性が大きいと思われます。

税務調査の結果、更正をするには、法律を解釈し、事実を認定した上で、法律を適用することが必要です。ここで、法律解釈が誤っていると、いかにその後の事実認定が正しかったとしても、誤った更正がなされることになってしまいます。

したがって、税務調査の過程において、調査官と納税者とで見解の

序章　なぜ、誤った修正申告の勧奨、更正・決定等がなされるのか

相違がみられた時には、お互いが共通の正しい法律解釈を前提にしているかどうかを確認する必要がある、ということになります。

# 2 ある税務調査の事例（その2）

> 　Ａさんは、納税者Ｘ社の社内において、顧客データの入力業務を行っていました。契約書は締結していませんが、納税者は、報酬を外注費として支払い、Ａさんも事業所得として確定申告をしていました。税務調査において、調査官が、この外注費について指摘しました。

調査官　「Ａさんへの支払が外注費になっていますが、契約書を見せてください」

**納税者**　「契約書は締結していません」

調査官　「第三者に外注するのに、なぜ契約書を締結しないのですか？」

**納税者**　「支払条件については、メールが残っています」

調査官　「Ａさんへの報酬は、どのように決めていますか？」

**納税者**　「タイムカードで業務時間を把握し、時間単位で支払っています」

調査官　「タイムカードで時間管理をしているのですか？それでは外注とは言えませんから、給与ですね」

**納税者**　「でも、Ａさんは、事業所得として確定申告をしていますよ」

調査官　「それが間違っているのです。契約書もなく、時間管理されているのですから、外注ではありません」

**納税者**　「作業をするパソコンは、Ａさんが持ち込んでいます。また、社会保険にも加入していませんし、来る時間や帰る時間は自由です。他の従業員とは明らかに違います」

調査官　「明らかに違うなら、なぜ、その条件を契約書にしないので

4

すか？また、時間が自由ならタイムカードで管理する必要はないで
しょう。この点は、どう説明しますか？」

**納税者**　「契約書がなくても、問題が生じたことはありません。タイ
ムカードを打刻するのは、いつ会社に来て、何時間作業をしていた
だいたか把握するためです。では、今後はタイムカードは廃止しま
す。それなら、外注費でいいですか？」

**調査官**　「今後については、結構です。しかし、これまでについては、
タイムカードで時間管理していた以上、外注費とは認められません。
いいですね」

　税務調査で、個人に支払う外注費が外注費か給与かで争われること
は多いと思われます。ここでも、調査官は、Ａさんに支払っている外
注費が給与ではないか、と質問を重ねてきて、最後は給与であると決
めつけてきました。

　しかし、このまま更正に至ると、誤った更正になる可能性がありま
す。なぜなら、本件税務調査におけるやり取りは、あたかも外注費で
あることを納税者が立証しなければ給与として認定されることを前提
に進められているためです。後で詳しく説明しますが、課税要件事実
に該当する事実については、国に立証責任があり、国が立証できない
場合には、更正は違法となり、取消されることになります。

　しかし、質問検査は、調査官が質問し、納税者が回答する、という
会話構造により、立証責任が逆転し、あたかも納税者が課税要件事実
に該当しないことを立証しなければならないような質疑になってしま
いがちです。

　したがって、納税者側としては、常に立証責任を意識し、調査官に
その旨指摘し、両者の共通認識として、立証責任が国にあることを前
提として税務調査を進めていくことが大切です。

序章　なぜ、誤った修正申告の勧奨、更正・決定等がなされるのか

# 3 納税者主張整理書面の活用

　では、この2つの例において、税務調査が正しく行われ、誤った修正申告あるいは更正等が行われないようにするには、どうしたらよいでしょうか。

　ここで推奨したいのが、「納税者主張整理書面」の提出です。

　口頭でのやり取りでは、主張の前提事実に齟齬があったり、誤った法律解釈を前提にしていたり、あるいは、立証責任が逆転してしまったり、というようなことが起こります。それらが生じないよう、納税者の主張を書面にて整理し、課税庁に提出するものです。

　先の税務調査の例で、納税者主張整理書面をどのように記載するか、例を示したいと思います。

## (1) ある税務調査の事例（その1）に関する納税者主張整理書面の例

### 納税者主張整理書面(1)

●●税務署長　御中

平成●年●月●日

納税者　　　　●●●　㊞
税務代理人税理士　●●●　㊞

　平成●年●月●日に開始された貴署による税務調査では、研究者から英文添削を依頼された際に、依頼者から徴収する添削料と実際に外国業者に支払う添削料との差額を弊社が負担することが、寄附金ではなく、交際費に該当する旨の指摘を受けています。

6

そこで、この点に関し、弊社の主張を整理させていただきます。

## 第一　交際費と認められるための要件

　本件差額負担について、貴署は、交際費に該当するとのご指摘なので、法律上、交際費と認められるための要件を検討いたします。

　ある支出が交際費に該当するかどうかについては、東京高裁平成15年9月9日判決・百選第6版59事件は、

　⑴　支出の相手方が事業に関係ある者等であり、

　⑵　支出の目的が事業関係者等との間の親睦の度を密にして取引関係の円滑な進行を図ることであるとともに、

　⑶　行為の形態が、かかる相手方に対する接待、供応、慰安、贈答その他これらに類する行為であること、という要件を満たせば交際費に該当する、

としています。

　実務的には、この3要件説が判例・通説と理解しています。

## 第二　立証責任と証明度

　では、本件差額負担が、上記3要件に該当するかどうかについて、誰が立証責任を負担するのかを検討いたします。

　課税要件事実についての立証責任については、最高裁判決は、所得税事案に関し、「所得の存在及びその金額について決定庁が立証責任を負うことはいうまでもないところである」（最高裁昭和38年3月3日判決・訟月9巻5号668頁）としており、課税要件事実の主張立証責任は国にあるとしています。

　したがって、本件差額負担が交際費に該当することについては、貴署が立証責任を負担することとなります。

　また、貴署が立証責任を負担する事実が証明できたかどうかの「証明度」については、ルンバール事件最高裁判決は、次のように判示しています。

　「訴訟上の因果関係の立証は、一点の疑義も許されない自然科学的証

明ではなく、経験則に照らして全証拠を総合検討し、特定の事実が特定の結果発生を招来した関係を是認しうる高度の蓋然性を証明することであり、その判定は、通常人が疑を差し挟まない程度に真実性の確信を持ちうるものであることを必要とし、かつ、それで足りるものである。」（ルンバール事件最高裁昭和50年10月24日判決・民集29巻9号1417頁）

そこで、本件差額負担が交際費であることが「通常人が疑を差し挟まない程度に真実性の確信を持ちうる程度に証明されたかどうか」について、検討することとします。

## 第三　貴署の主張

貴署の主張は、以下のとおりです。

⑴　添削を依頼してくる者は、弊社の事業に関係ある者である。

⑵　添削料の差額を無償で負担している。

したがって、本件差額負担は、交際費である。

## 第四　弊社の主張

本件では、確かに依頼者の中には弊社の事業に関係のある者も含まれていますが、関係者以外の者も含まれており、上記第一の⑴の要件を満たしません。

また、本件差額負担は、主に若手の研究者らの研究発表を支援することを目的に始めたものであり、依頼者との親睦の度を密にして取引関係の円滑な進行を図ることを目的とするものではなく、上記第一の⑵の要件を満たしません。

したがって、本件差額負担が、上記3つの要件を満たすことが、「通常人が疑を差し挟まない程度に真実性の確信を持ちうる程度に証明された」とは言えないと考えますので、再度ご検討いただくようお願い申し上げます。

以上

3 ● 納税者主張整理書面の活用

## ⑵ ある税務調査の事例（その２）に関する納税者主張整理書面の例

### 納税者主張整理書面⑴

●●税務署長　御中

平成●年●月●日

納税者　　　●●●　㊞
税務代理人税理士　　　●●●　㊞

　平成●年●月●日に開始された貴署による税務調査では、弊社がA氏に支払っている外注費が給与である旨の指摘を受けています。

　そこで、この点に関し、弊社の主張を整理させていただきます。

**第一　給与と外注費の区別**

　ある所得が給与所得であるか否かについての判断基準については、最高裁昭和56年４月24日判決が、「給与所得とは雇傭契約又はこれに類する原因に基づき使用者の指揮命令に服して提供した労務の対価として使用者から受ける給付をいう」としています。

　これを受け、消費税法基本通達では、

　「事業者とは自己の計算において独立して事業を行う者をいうから、個人が雇用契約又はこれに準ずる契約に基づき他の者に従属し、かつ、当該他の者の計算により行われる事業に役務を提供する場合は、事業に該当しないのであるから留意する。したがって、出来高払の給与を対価とする役務の提供は事業に該当せず、また、請負による報酬を対価とする役務の提供は事業に該当するが、支払を受けた役務の提供の対価が出来高払の給与であるか請負による報酬であるかの区分については、雇用契約又はこれに準ずる契約に基づく対価であるかどうかによるのであるから留意する。この場合において、その区分が明らかでないときは、例えば、次の事項を総合勘案して判定するものとする。

9

序章　なぜ、誤った修正申告の勧奨、更正・決定等がなされるのか

⑴　その契約に係る役務の提供の内容が他人の代替を容れるかどうか。

⑵　役務の提供に当たり事業者の指揮監督を受けるかどうか。

⑶　まだ引渡しを了しない完成品が不可抗力のため滅失した場合等においても、当該個人が権利として既に提供した役務に係る報酬の請求をなすことができるかどうか。

⑷　役務の提供に係る材料又は用具等を供与されているかどうか。」

とされています。

したがって、以上を前提として、本件が給与に該当するかどうかが判断されることになると考えます。

### 第二　立証責任と証明度

本件支払が給与に該当するかどうかについては、弊社において給与に該当しないことの立証責任を負うのか、貴署において立証責任を負うのか、が問題となります。

この点についての立証責任については、最高裁判決は、所得税事案に関し、「所得の存在及びその金額について決定庁が立証責任を負うことはいうまでもないところである」（最高裁昭和38年3月3日判決・訟月9巻5号668頁）としており、課税要件事実の主張立証責任は国にあるとしています。

したがって、本件支払が給与に該当することについては、貴署が立証責任を負担することとなります。

また、貴署が立証責任を負担する事実が証明できたかどうかの「証明度」については、ルンバール事件最高裁判決は、次のように判示しています。

「訴訟上の因果関係の立証は、一点の疑義も許されない自然科学的証明ではなく、経験則に照らして全証拠を総合検討し、特定の事実が特定の結果発生を招来した関係を是認しうる高度の蓋然性を証明することであり、その判定は、通常人が疑を差し挟まない程度に真実性の確信を持ちうるものであることを必要とし、かつ、それで足りるものである。」（ルンバール事件最高裁昭和50年10月24日判決・民集29巻

9号1417頁）

　そこで、本件支払が「使用者の指揮命令に服して提供した労務の対価」であることが「通常人が疑を差し挟まない程度に真実性の確信を持ちうる程度に証明されたかどうか」について、検討することとします。

## 第三　貴署の主張

　貴署の主張は、以下のとおりです。

(1)　弊社とＡ氏との間で契約書が締結されていない。

(2)　Ａ氏の業務時間がタイムカードで管理されている。

　したがって、Ａ氏は、弊社の指揮命令に服して提供した労務の対価を受け取っている。

## 第四　弊社の主張

　弊社の主張は、以下のとおりです。

(1)　契約内容については、契約書は存在しないが、メールで契約内容の証拠が残っている。

(2)　Ａ氏はいつ会社に来て、いつ帰っても良いので、時間について弊社の指揮監督を受けていない。したがって、消費税法基本通達の要件「(2)　役務の提供に当たり事業者の指揮監督を受けるかどうか。」に該当しない。

(3)　Ａ氏が作業をするパソコンは、Ａ氏が所有し、持ち込んでいるものであり、消費税法基本通達の要件「(4)　役務の提供に係る材料又は用具等を供与されているかどうか。」に該当しない。

(4)　弊社の従業員は、社会保険に加入しているが、Ａ氏は加入しておらず、自ら事業所得として確定申告をしている。

　以上から検討しますと、本件支払が「使用者の指揮命令に服して提供した労務の対価」であることが「通常人が疑を差し挟まない程度に真実性の確信を持ちうる程度に証明された」とは言えないと考えますので、再度ご検討いただくようお願い申し上げます。

以上

序章　なぜ、誤った修正申告の勧奨、更正・決定等がなされるのか

　このような納税者主張整理書面を提出することにより、法解釈の段階、事実認定の段階、法適用の段階という各段階毎に、納税者と課税庁とで共通の認識を持つことができ、口頭の議論による誤解や行き違いを防止し、正しい判断にたどり着く手助けとなると考えます。

　以下では、なぜ、このような書面形式になり、書面提出が有効なのかについて説明していきたいと思います。

# 第I章

## 税務調査と
## 質問検査権・更正等

# 1 申告納税方式と更正・決定

　日本国憲法30条は、「国民は、法律の定めるところにより、納税の義務を負ふ。」と規定しています。そして、同法84条は、「あらたに租税を課し、又は現行の租税を変更するには、法律又は法律の定める条件によることを必要とする。」と規定し、租税法律主義を定めています。これらの規定に基づき、多数の法律が制定されて、国民に納税義務を課しています。

　国民の納税義務を確定する方式としては、予定納税、源泉徴収、印紙税等のように納税義務が成立すると同時に、当然に納税額が確定するものもありますが、国税については、一般的に申告納税方式が採用されています。

申告納税方式とは、納付すべき税額が納税者の申告によって確定することを原則とする方式です。

　しかし、納税者自らが納税申告するため、納税申告書に記載された課税標準等又は税額等が正しいものかどうか、確認する手続が必要となってきます。このため、課税庁に税務調査をする権限が与えられ、税務調査の結果に基づき、課税標準等又は税額等の計算が国税に関する法律の規定に従っていなかったとき、その他その課税標準等又は税額等がその調査したところと異なるときは、税務署長は、課税標準等又は税額等を更正することができることとされています（国税通則法24条）。

　税額を増加させる更正を増額更正、税額を減少させる更正を減額更正といいます。

　また、税務署長は、納税義務者が申告をしていない場合には、税務調査により、自ら課税標準等又は税額等を決定することができます(国税通則法25条)。

したがって、課税標準等又は税額等は、第一次的には納税者の申告によって確定しますが、課税庁に第二次的に確定させる権限が与えられていることになります。

　処分取消訴訟により取消の対象となるのは、これらの更正・決定等の処分です。そして、更正・決定等は、税務調査の結果に基づいて行わなければなりません。

　そこで、まずは、税務調査について見ていきたいと思います。

## 2　税務調査の流れ図

　税務調査とは、更正・決定等の前提として、「課税標準等又は税額等を認定するに至る一連の判断過程の一切を意味し、課税庁の証拠資料の収集、要件事実の認定、租税法令の解釈適用を経て課税処分に至るまでの思考、判断を含む極めて包括的な概念である」（広島地裁平成4年10月29日判決）とされています。

　課税庁は、税務調査により、証拠資料を収集し、収集した証拠資料により、課税要件に該当する事実を認定し、その認定した事実に解釈した租税法令を適用して、更正・決定等を行うことになります。このプロセスに過誤がある場合、更正・決定等の処分が違法となり、処分が取消訴訟により取り消されることになります。

　「調査手続の実施に当たっての基本的な考え方等について（事務運営指針）第2章1の（注）1」でも、「調査とは、国税……に関する法律の規定に基づき、特定の納税義務者の課税標準等又は税額等を認定する目的その他国税に関する法律に基づく処分を行う目的で当該職員が行う一連の行為（証拠資料の収集、要件事実の認定、法令の解釈適用など）をいうことに留意する。」とされ、「証拠資料の収集、要件事実の認定、法令の解釈適用」を意識した内容で規定されています。

　税務調査は、概ね次のような手続で進んでいくこととなります。

15

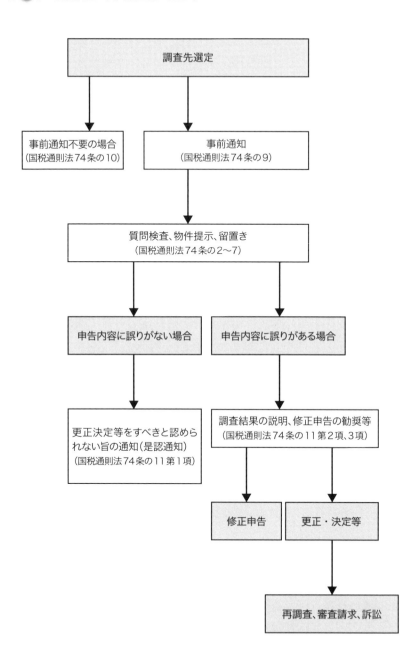

# 3 税務調査のプロセス

　租税職員は、税務調査を行う場合には、原則として、調査対象の納税義務者及び税務代理人である税理士の双方に対し、調査開始日前までに相当の時間的余裕をおいて、事前に下記事項を通知することになっています（国税通則法74条の9）。

① 質問検査等を行う実地の調査を開始する日時

② 調査を行う場所

③ 調査の目的

④ 調査の対象となる税目

⑤ 調査の対象となる期間

⑥ 調査の対象となる帳簿書類その他の物件

⑦ その他調査の適正かつ円滑な実施に必要なものとして政令で定める事項

その後、調査日程の調整をした上で、実地調査に入り、①質問検査、②帳簿書類その他の物件の検査、③物件の提示、④物件の提出等を求めることによって調査を進めていきます（国税通則法74条の2以降）。

　税務調査において提出された帳簿書類等の物件があり、調査の必要があるときは、租税職員は、当該物件を留め置くことができることとされています（国税通則法74条の7）。

　実地の調査を行った結果、更正決定等をすべきと認められない場合には、納税義務者に対し、その時点において更正決定等をすべきと認められない旨を書面により通知することとされています（国税通則法74条の11第1項）。

　税務調査の結果、更正決定等をすべきと認める場合には、当該職員は、当該納税義務者に対し、その調査結果の内容を説明し、納税義務者に対し修正申告又は期限後申告を勧奨することができます。この場

第Ⅰ章　税務調査と質問検査権・更正等

合において、当該調査の結果に関し当該納税義務者が納税申告書を提出した場合には不服申立てをすることはできないが更正の請求をすることはできる旨を説明するとともに、その旨を記載した書面を交付しなければいけません（国税通則法74条の11第2項、3項）。

なお、納税義務者に税務代理人がある場合において、当該納税義務者の同意がある場合には、当該納税義務者への通知は、税務代理人への通知等を行うことができることとされています（国税通則法74条の11第5項）。

# 4　質問検査権とは

課税庁は、納税者によってされた申告内容が正しいかどうか調査し、誤りがある場合には、更正・決定・賦課決定等の処分を行います。そのためには、課税要件事実に関する資料を入手検討できる権限が必要となります。そのため、租税職員には、納税者の関係者に質問し、物件を検査する権限が認められています。これを質問検査権といいます。

質問検査権は、従前は各個別法に規定されていましたが、平成23年12月改正により、国税通則法に一本化されました。

国税通則法では、質問検査権は、次のように規定されています。国税通則法74条の2第1項「国税庁、国税局若しくは税務署……の当該職員……は、所得税、法人税、地方法人税又は消費税に関する調査について必要があるときは、次の各号に掲げる調査の区分に応じ、当該各号に定める者に質問し、その者の事業に関する帳簿書類その他の物件……を検査し、又は当該物件……の提示若しくは提出を求めることができる。」

つまり、質問検査権とは、

①　質問

②　物件を検査

③　物件の提示を求める

④　物件の提出を求める

に関する権限を認めるものです。

　質問検査権は、任意の行政調査の権限を認めるものであって、強制調査を認めるものではありません。強制調査というのは、納税者の意に反して事業所等に立ち入り、物件を検査するような調査のことです。強制調査は、国税局査察部が、犯則調査を行う際に認められているものです。

　質問検査権は、任意の行政調査とはいっても、質問・検査の相手方には、質問に答え、又は検査を受忍する義務があります。そして、次の場合には、1年以下の懲役又は50万円以下の罰金という刑罰が科されることとされています（国税通則法128条2号、3号）。

①　質問に対して答弁せず、若しくは偽りの答弁をし、又はこれらの規定による検査、採取、移動の禁止若しくは封かんの実施を拒み、妨げ、若しくは忌避した者

②　物件の提示又は提出の要求に対し、正当な理由がなくこれに応じず、又は偽りの記載若しくは記録をした帳簿書類その他の物件（その写しを含む。）を提示し、若しくは提出した者

　したがって、任意調査とはいっても刑罰を背景にした間接的な強制力がある、ということになります。だからといって、軽微な不答弁等でただちに刑罰を科されるわけではありません。

　質問検査拒否等に対して刑罰を科すべき場合かどうかについて争われた事案に、東京地裁昭和44年6月25日・判時565号46頁があります。裁判所は、所得税法248条8号違反の刑事事件において、「質問ないし検査（させること）の求めに対する単なる不答弁ないし拒否が同法242条8号の罪を構成するためには、さらに厳重な要件を必要とするものといわなければならない。なぜなら、当該職員が必要と認めて質問し、検査を求めるかぎり、不答弁や検査の拒否がどのような

場合にも1年以下の懲役又は20万円以下の罰金にあたることになるものとすれば、事柄が所得税に関する調査というほとんどすべての国民が対象になるような広範囲な一般的事項であり、しかも公共の安全などにかかわる問題でもないだけに、刑罰法規としてあまりにも不合理なものとなり、憲法31条のもとに有効に存立しえないことになるからである。」「所得税法第242条8号の罪は、その質問等についての合理的な必要が認められるばかりでなく、その不答弁等を処罰の対象とすることが不合理といえないような特段の事由が認められる場合にのみ成立する」とした上、「被告人のように、一般のいわゆる白色申告者である場合には、単に帳簿書類を見せてほしい、得意先、仕入先の住所氏名をいってほしい、工場内を見せてほしいといわれただけで、これに応じなかったといって、ただちに不答弁ないし検査拒否として処罰の対象になるものと考えることはできない」と判示して、無罪を言い渡しました。

　したがって、質問検査に対する不答弁等の罪が成立するためには、

①　質問等についての合理的な必要が認められること

②　不答弁等を処罰の対象とすることが不合理といえないような特段の事由が認められること

が必要となり、単なる不答弁等は処罰の対象とはならない、と考えられます。

　ただし、質問検査に対する不答弁とともに帳簿書類の提示を拒否する等した場合には、青色申告に係る帳簿書類の備え付け、記録及び保存が法律の定めるところに従って行われていない、として、青色申告承認の取消処分を受ける可能性があります（最高裁平成17年3月10日判決・百選第6版109事件）。

　また、質問検査の相手方としては、名古屋地裁昭和56年1月30日判決（TAINS　Z116−47389）は、「所得税法234条1項1号所定の税務職員の質問検査権行使の相手方は、納税義務者本人のみでなく、

その業務に従事する家族、従業員等をも包含すると解するのが相当である。けだし、同号所定の質問検査権行使の相手方を法文の文言どおり厳格に解し、納税義務者本人に限定すると、場合により当該業務の実態の正確な把握ができなくなるおそれを生じ、質問検査の実効性が失われる結果を招来することは見易い道理である。また、右のように解しても、別段納税義務者本人に不利益を課することになるものでもない。……また、臨場による質問調査に際し、納税者本人が不在のときは、従業員に質問調査し、任意の回答を得ることも、何ら違法とは言えない」と判示しました。

# 5 質問検査権の適法要件

　租税職員に質問検査権があるとはいっても、その権利は無制限に認められるわけではありません。国税通則法74条の2第1項は、「調査について必要があるとき」に質問検査をすることができると規定しています。「必要があるとき」とは、租税職員が必要と判断したときという意味ではなく、客観的な必要性が認められるとき、という意味です。客観的な必要性が認められないときは、租税職員に質問検査権はなく、したがって、それに対しては答弁義務も受忍義務もないことになります。

　ただし、判例では、「質問検査の範囲、程度、時期、場所等実定法上特段の定めのない実施の細目については、右にいう質問検査の必要があり、かつ、これと相手方の私的利益との衡量において社会通念上相当な限度にとどまるかぎり、権限ある税務職員の合理的な選択に委ねられている」（最高裁昭和48年7月10日決定・百選第6版111）としており、租税職員の判断が尊重されています。

　任意調査との関係では、中野民商事件において、「質問検査権の行使が、いやしくも納税者の営業活動を停滞させ、得意先や銀行等の信

第Ⅰ章　税務調査と質問検査権・更正等

用を失墜せしめ、その他私生活の平穏を著しく害するような態様においてなされたとすれば、それは、もはや、任意調査としての限界を超えるものであるといわなければならない。」（東京地裁昭和43年1月31日判決）とされました。

　このような場合には、内容証明郵便等により違法な税務調査の是正を求めていくとともに、場合によっては、後日、国家賠償請求訴訟を提起することになると思われます。

　また、質問検査に対する答弁義務や受忍義務が、質問検査の相手方の守秘義務と衝突する場面があります。たとえば、弁護士は法律上の守秘義務を負っており、相談者や依頼者の秘密を守る義務があります。この点について、大阪高裁平成13年12月19日判決は「弁護士が税務調査に対して、上記のような協力義務を負うとした場合、その過程で守秘義務に含まれる事項が税務署職員に知れる可能性はあるが、そもそも守秘義務を負う弁護士に対しても所得税法234条に基づく質問調査権の行使が容認されているのであるから、守秘義務に含まれる事項が税務署職員の知るところとなることは法によって当然予定されているものとみるほかなく、本件を含め一般に税務調査の対象となる帳簿書類は、依頼者からの金員支払いの事実等経済的な取引の側面に関するものに限られ、これらの事項にも守秘義務が及ぶとしても、その保護の必要性はその限度で制約を受け、さらに、税務署職員も調査の過程で知り得た事項については守秘義務を負い、その義務に違反した場合には、所得税法によって国家公務員法上のそれよりも重い罰則が課せられるのである（国税通則法127条、国家公務員法109条12号）。よって、弁護士に対して上記程度の義務を課したとしても、その業務に過大な制約を加えるものであるとはいえない。」としています。

# **6** 質問応答記録書

　税務調査の過程で、質問応答記録書が作成されることがあります。質問応答記録書は、租税職員が質問し、納税義務者等が回答した際に、その内容を記録し、記録後に回答者に対して署名押印を求めるものです。

　従前は、租税職員が質問し、納税義務者等が回答した内容を証拠に残す際には、納税義務者等の回答内容を書面に記載して、申述書、確認書、供述書、嘆願書などの表題の書面を作成して、納税義務者等の署名押印を得ることが多かったと思います。このような場合に作成する行政文書として、平成25年6月から、質問応答記録書の作成の手引が作成されています。

　平成25年6月の国税庁課税総括課作成の「質問応答記録書作成の手引」（以下、「手引」といいます。）に、その内容と作成手順の詳細が書かれています。

　質問応答記録書の作成趣旨は、「課税要件の充足性を確認する上で重要と認められる事項について、その事実関係の正確性を期するため、その要旨を調査担当者と納税義務者等の質問応答形式等で作成する行政文書である」（手引）と説明されています。

　そして、「事案によっては、この質問応答記録書は、課税処分のみならず、これに関わる不服申立て等においても証拠資料として用いられる場合があることも踏まえ、第三者（審判官や裁判官）が読んでも分かるように、必要・十分な事項を簡潔明瞭に記載する必要がある」（手引）とされており、更正するかどうかを判断する上での証拠資料となるのはもとより、処分取消訴訟等において証拠として提出されることが前提とされています。

　質問応答記録書が作成され、後日、処分取消訴訟において提出され

第Ⅰ章　税務調査と質問検査権・更正等

た場合、有力な証拠となります。後日の訂正・撤回は容易ではありません。したがって、質問応答記録書には、事実に合致した内容のみを記載してもらうようにしなければなりません。そのために、質問応答記録書を作成する際には、回答者側は、訂正等を求めることができることとされています。手引の作成例では、最後に「以上で質問を終えますが、何か訂正したい又は付け加えたいことがありますか。」というような質問例が記載されています。

　一旦、記憶に基づいて回答し、回答内容が質問応答記録書に記載され、署名押印の上完成されたにもかかわらず、後日、記憶違いに気づいた場合はどのように対応すべきでしょうか。

　手引によると、質問応答記録書を完成させた後に、回答者から、後日、訂正・変更の申立てあった場合でも、当該質問応答記録書には訂正等を行ってはならない、とされています。そして、必要に応じ、訂正・変更の主張及び変更後の回答内容を記録するための新しい質問応答記録書を作成するなどの方法により対応する、とされています。したがって、後日訂正等の申立てを行っても、必ず改めて質問応答記録書が作成されるわけではありません。そのような場合には、誤りに気づいた時に、ただちに課税庁宛内容証明郵便等で質問応答記録書の誤りを指摘し、誤って回答した理由などについてできる限り詳細に記載して証拠化しておくことが望ましいでしょう。

　そして、質問応答記録書は、回答者には交付されません。したがって、質問応答記録書が作成されるときには、回答内容を納税者側においても記録しておくことが望ましいと言えるでしょう。税理士が同席する場合には、税理士が、納税者の回答内容のうち、重要と思われるものを記録しておくことをおすすめします。

　質問応答記録書は、「課税要件の充足性を確認する上で重要と認められる事項について、その事実関係の正確性を期するため」（手引）に作成されるものですが、「事案によっては、納税義務者等の回答内

容そのものが課税要件の充足のための直接証拠となる事案や、直接証拠の収集が困難であるため、納税義務者等の回答内容を立証の柱として更正決定等をすべきと判断する事案もある。」（手引）とされており、質問応答記録書における納税者の回答内容を柱として更正がされる事案もありうることが示唆されています。

そして、「証拠書類等の客観的な証拠により課税要件の充足性を確認できる事案については、原則として、質問応答記録書等の作成は要しないことに留意する」（手引）とされていることから、質問応答記録書の作成が開始される事案は、原則として、それまでの調査により収集された客観的な証拠では、課税要件の充足性を確認することができないと判断されていることがわかります。そのような観点からも、質問応答記録書に対する回答が、更正の有無を決める重要な証拠となることがわかります。

したがって、租税職員から質問応答記録書の作成を開始する、と告げられた際には、慎重に対応し、記憶にないことを供述しないことが大切です。

「質問応答記録」とは言っても、必ず問答式で作成されるわけではありません。一方的な供述方式で記録されることもあります。

また、質問応答記録書を作成した場合には、「質問応答記録書の作成後、回答者に対し、同人の拒否などの特段の事情のない限り、質問応答の要旨に記載した内容を読み上げ、内容に誤りがないか確認させなければならない。一層の記載内容の信用性確保のため、併せて、提示し、閲読してもらうことが望ましい」とされていますので、読み上げおよび閲読させてもらうことを求め、内容の正確性を確認することが望ましいでしょう。

また、回答者から、内容について、追加・変更・削除の申立があった時には、それに応ずることが前提となっているので、追加・変更・削除の必要があれば、その旨申し立てることが望ましいでしょう。

第Ⅰ章　税務調査と質問検査権・更正等

　最後に署名押印を求められます。署名押印した場合には、その内容を認めたこととなり、後日、覆すことが困難となりますので、必ず内容を確認することが必要です。

　署名押印は義務ではありません。そこで、回答者が署名押印を拒否した場合には、奥書で、回答者が署名押印を拒否した旨を租税職員が記載し、署名押印することによって書類として完成することになります。したがって回答者が署名押印しなくても、書類としては完成することになります。

　また、税務代理権限のある税理士や弁護士が同席した場合であっても、それらの者に署名押印を求める必要はない、とされています。

# 7　争点整理表

　税務調査の過程で、課税庁と納税者の間に見解の相違がある等、一定の場合には、税務調査を担当する租税職員は、争点整理表を作成することとされています。

　争点整理表の内容や手続を知ることができる資料としては、平成24年6月27日国税庁長官「署課税部門における争点整理表の作成及び調査審理に関する協議・上申等に係る事務処理手続について（事務運営指針）」（TAINSコードH240627・課総2-21）（以下、「事務運営指針」といいます。）と平成25年4月大阪国税局法人課税課「課税処分に当たっての留意点」（TAINSコードH250400・課税処分留意点）（以下、「留意点」といいます。）があります。

　争点整理表とは、争訟が見込まれる等の事案において、争点ごとに、争点の概要、課税要件、調査担当者の事実認定、納税者側の主張、証拠、時系列表などを記載するものです。作成趣旨としては、「経済社会の高度化・複雑化や訴訟型社会の更なる進展及び国税通則法の改正に伴う税務調査手続の法定化や理由附記の実施等を踏まえ、調査事

26

案に係る処分等について、十分な証拠の収集等に基づく事実認定と法令の適用の更なる的確化を図ることにより、その適法性・妥当性をより一層高めていくため、争点整理表の作成及び調査審理に関する関係部署間の協議・上申等に係る事務処理手続について整備するものである。」（事務運営指針）とされています。

また、「基本的な考え方」として、「調査においては、非違事項に係る必要な証拠の十分な収集・保全及び事実関係に即した事実認定並びにこれに基づく法令の適用を的確に行うことが重要である。このため、署調査担当部署は、事案の内容に応じ、課税要件ごとに争点整理表を作成し、法令面や事実認定の適否を的確に検討するとともに、審理担当部署との速やかな協議等を通じて、処分の適法性・妥当性を確保するよう努める。

特に、争訟（異議申立て、審査請求及び訴訟提起をいいます。以下同じ。）が見込まれる事案については、争訟に至ったとしても、処分の適法性が維持されるよう、原処分の段階から、争訟をも見据えた十分な法令面の検討、争訟の維持に向けた十分な証拠の収集等に取り組む必要があることから、可能な限り早い段階から、審理担当部署による関与・支援が適切に行われるよう、関係する部署がより緊密に連携・協調を図るよう留意する。」とされています。

さらに、「争点整理表は、処分に係る最終的な処理方針の決定や争訟への対応に当たり、争点等に係る適法性・妥当性等の判断を適切に行うための資となるものである」（事務運営指針）とされており、更正をするかどうかの判断資料ともなるものであり、争点整理表が正しく作成されるよう納税者としても税務調査対応をしていく必要があります。

争点整理表が作成される基準には、形式基準と実質基準があります（事務運営指針）。

## (1) 形式基準

次の処分等が見込まれる事案

(イ)　重加算税賦課決定

(ロ)　増額更正・決定

(ハ)　青色申告承認の取消し

(ニ)　更正の請求に理由がない旨の通知

(ホ)　偽りその他不正な行為による6年前・7年前の年分（事業年度）への遡及

(ヘ)　調査着手後6ヶ月以上の長期仕掛事案

(ト)　以上の事案以外で、署の定める重要事案審議会の署長付議対象に該当することが見込まれる修正申告若しくは期限後申告対象事案又は過怠税賦課決定処分対象事案

## (2) 実質基準

調査非協力等により争点等に係る証拠収集が難航しているなど、課税要件事実の立証が容易でないと認められる事案や法令の解釈・適用が複雑・困難である事案など処分等の適法性の立証や判断が困難であるが、課税の均衡上、課税（賦課）処分すべきと認められる調査困難事案又は課税困難事案

(1)の形式基準を見ると、更正の前提として、必ず争点整理表が作成されることがわかります。したがって、争点整理表における「納税者の主張」およびその証拠において、説得的な記載がされるよう税務調査対応をしていくことが重要です。

平成24年6月27日国税庁長官「署課税部門における争点整理表の作成及び調査審理に関する協議・上申等に係る事務処理手続について（事務運営指針）」（TAINSコードH240627・課総2-21）によると、争点整理表には、

## 7 ● 争点整理表

- ・事実経過
- ・争点の概要
- ・争点に係る法律上の課税要件
- ・調査担当者の事実認定（又は法令解釈）その事実、証拠書類等
- ・納税者側の主張、その事実、証拠書類等
- ・審理担当者等の意見

を記載することとされています。

　ここで、争点とは、「調査において当局と納税者との間で見解の相違等が存する事項や『争点整理表作成事案の基準』の表に掲げる各処分等に係る主な非違事項（その非違事項について納税者と争いがあるかどうかを問わない。）をいう」（留意点）とされています。

　法律解釈については、「第一に、問題となっている事実の法的根拠を明らかにし、処分に係る課税要件を抽出する。課税要件とは、租税法規が定める『課税される』又は『課税されない』とするための要件（条件）をいう」（留意点）とされています。

　事実認定については、「抽出した課税要件に照らして、調査によって抽出した証拠（相手方の主張を含む。）について事実関係時系列表により整理を行い、直接証拠（事実を直接示している証拠）や間接証拠（事実の存在を推認できる証拠）から事実認定を行う。なお、税務当局が認定した事実及び主張する事実については、全てその根拠（証拠）が必要であり、税務当局側が立証責任を負うこととなる」（留意点）とされています。

　つまり、争点整理表には、課税要件事実の立証責任は、税務当局側が負うことを前提として、法的三段論法における課税要件にかかる法解釈、事実認定、その証拠等が記載され、それを前提に審理担当者等の意見が付されるものです。したがって、課税庁は、更正に至るまでに、過誤が生じないように慎重に審理検討することを前提としていると考えられます。

第Ⅰ章　税務調査と質問検査権・更正等

　そうであれば、納税者としては、この争点整理表における「納税者側の主張」「事実、証拠書類等」に自らの主張を正確に記載させることが、誤った更正を防止するための重要なポイントになるものと思われます。

　書式は、次のようなものです。

※平成24年6月27日国税庁長官「署課税部門における争点整理表の作成及び調査審理に関する協議・上申等に係る事務処理手続について（事務運営指針）」（TAINSコードH240627・課総2–21）より。

**7 ● 争点整理表**

別添様式

## 争 点 整 理 表

＿＿＿＿＿署 ＿＿＿部門：担当＿＿＿＿

作成理由（　　　） 類型（　　　）

| 起　案 | ・　・ | 署審理担当者の確認日 | ・　・ |
| 決　裁 | ・　・ | 署審理専門官の確認日 | ・　・ |

| 署　長 | 副署長 | 筆頭統括官 | 審理専門官等 | 担当統括官等 | 担当者 |
|---|---|---|---|---|---|
| | | | | | |

| 納税者名 | （　　　　　　） | 関係税目 | | 処理見込 | □更正<br>□決定<br>□重加算税課<br>□（　　　） | 関係法令等 | ＿＿法＿＿条＿＿項<br>＿＿法＿＿条＿＿項<br>＿＿法＿＿条＿＿項<br>＿＿＿＿＿＿＿＿＿ | 調査着手日<br>（　・　・　） |
|---|---|---|---|---|---|---|---|---|

〔争点の概要〕

〔争点に係る法律上の課税要件〕

| 〔調査担当者の事実認定（又は法令解釈）〕 | 〔納税者側の主張〕 |
|---|---|
| 〔上記の根拠となる事実、証拠書類等〕 | 〔上記の根拠となる事実、証拠書類等〕 |

〔審理担当者等の意見〕

| 局整理欄 | 局主務課への上申日(平　.　.　) | | 指導事項等 | （平　.　.　) | （平　.　.　) | （平　.　.　) |
|---|---|---|---|---|---|---|
| | 局審理課(官)への支援要請日(平　.　.　) | | | | | |
| | 処理方針(平　.　・　)<br>(□更正、□決定、□（　　）) | | | | | |

【類型区分】Ⅰ類型：署審理担当者説明事案、Ⅱ類型：署審理専門官説明事案、Ⅲ類型：局上申事案、Ⅳ類型：庁上申事案

第 Ⅰ 章　税務調査と質問検査権・更正等

## 事実関係時系列表

納税者名（　　　　　　　　　）

| 年月日 | 事実関係（納税者等が主張する事実を含む。） | 左の事実を示す証拠 |
|---|---|---|
| ・　・ | | |
| ・　・ | | |
| ・　・ | | |
| ・　・ | | |
| ・　・ | | |
| ・　・ | | |
| ・　・ | | |
| ・　・ | | |
| ・　・ | | |
| ・　・ | | |
| ・　・ | | |
| ・　・ | | |
| ・　・ | | |
| ・　・ | | |
| ・　・ | | |
| ・　・ | | |
| ・　・ | | |
| ・　・ | | |
| ・　・ | | |
| ・　・ | | |
| ・　・ | | |
| ・　・ | | |
| ・　・ | | |

※「左の事実を示す証拠」の欄には、申告書、契約書など、記載した事実を確認した資料と綴てつ場所を記
　入します。
※この表は、納税者等の主張の変遷状況を検討する場合にも活用できます。

# 「争点整理表」の記載要領

1 「争点整理表」は、署調査担当者等において次のとおり記載する。

(1) 「署」「部門」「担当」欄には、調査を担当する署名、部門名、担当者名を記載する。

(2) 「作成理由」欄には、争点整理表の作成基準の該当事由を「重加算税賦課事案」「更正見込み事案」「青色承認取消し事案」「7年遡及事案」「重審付議事案」「調査困難事案」などと記載する。

(3) 「類型」欄には、署担当統括官等が一義的に判断した類型を記載する。争点整理表の作成後、署審理専門官等、筆頭統括官及び署長又は副署長の判断により類型の訂正を行った場合には、訂正後の類型を記載する。
Ⅰ類型：署審理担当者説明事案
Ⅱ類型：署審理専門官説明事案
Ⅲ類型：局上申事案
Ⅳ類型：庁上申事案

(4) 「署審理担当者の確認日」欄には、争点等に関する検討結果について、署審理担当者から意見があった年月日を記載する。

(5) 「署審理専門官の確認日」欄には、当該事案がⅡ類型以上の事案である場合、争点等に関する検討結果について、署審理専門官から意見があった年月日を記載する。

(6) 「納税者名」欄には、調査対象の納税者名(整理番号)を□に記載する。

(7) 「関係税目」欄には、争点等の対象となった税目を記載する。

(8) 「処理見込」欄には、当該事案の処理見込みについて、該当するものに✓印を付ける。

(9) 「関係法令等」欄には、争点の対象となった税法、該当条文、通達を記載する。

(10) 「調査着手日」欄には、調査に着手した年月日を記載する。

(11) 「争点の概要」欄には、当該事案について争いとなっている項目、又は争いとなることが見込まれる項目又は争点整理表の作成基準の該当事由に係る主たる非違事項を記載する。

第Ⅰ章　税務調査と質問検査権・更正等

⑿　「争点に係る法律上の課税要件」欄には、その争点等に係る処分を行うに当たって、法律上満たすべき要件を記載する。

⒀　「調査担当者の事実認定（又は法令解釈）」「上記の根拠となる事実、証拠書類等」欄には、その争点等に係る処分を行うに当たって、争いのある事実関係又は認定すべき事実関係に対して、調査担当者が調査の過程の中で把握した事実関係を記載するとともに、その根拠となった書類等を記載する。

また、法令解釈に関することについて争いがある場合には、その争点等に対する法令解釈の内容を記載

⒁　「納税者側の主張」「上記の根拠となる事実、証拠書類等」欄には、調査担当者の事実認定に対して納税者側が主張した事実関係を対比させて記載する。

⒂　「審理担当者等の意見」欄には、その争点等に係る証拠の収集・保全及び事実関係に即した事実認定並びにこれに基づく法令の適用が適切に行われているか、審理面から多角的な検討を行った結果を記載する。

2　局整理欄は、局主務課において次のとおり記載する。

⑴　「局主務課の上申日」欄には、当該事案がⅢ類型以上の事案である場合、署から局主務課に上申があった年月日を記載する。

⑵　「局審理課（官）の支援要請日」欄には、当該事案が局審理課（官）の支援要請を必要とする事案である場合、局主務課から局審理課（官）「争訟見込み事案に対する支援の実施事績票（課税部事案用）」（注）を交付した年月日（支援要請日）を記載する。

（注）　平成21年6月30日付課審1-24ほか7課共同「争訟見込み事案に対する支援等に係る事務処理手続について」（事務運営指針）参照

⑶　「処理方針」欄には、局主務課が当該事案に係る最終的な処理方針を署担当統括官等に指示した年月日を記載し、その処理方針の内容について該当するものに✓印を付ける。

⑷　「指導事項等」欄には、局主務課が争点の検討を行った後、署担当統括官等に対して指導を行ったその年月日と指導内容を記載する。

3 「事実関係時系列表」は、署調査担当者において次のとおり記載する。
(1) 「年月日」「事実関係（納税者等が主張する事実を含む。）」欄には、争点等に係る課税要件に関する事項・事実関係を発生年月日順に記載する。また、事実関係は、調査担当者が把握した事実関係のほか、納税者等が主張した事実関係も併せて記載する。
(2) 「左の事実を示す証拠欄には、「事実関係（納税者等が主張する事実を含む。）」欄に記載した個々の事実関係について、その事実を裏付けるための証拠資料を対比させて記載する。

# 8 更正・決定・賦課決定

　更正の前提として、争点整理表が作成されると、調査担当者から、担当統括官に争点整理表が提出され、担当統括官は、当該税務署の審理担当者に対し、証拠を添付し、内容、処理方針等について説明を行います。

　「審理担当者は、その争点等に係る証拠の収集・保全及び事実関係に即した事実認定並びにこれに基づく法令の適用が適切に行われているか、審理面から多角的な検討を行い、その結果を争点整理表の『審理担当者等の意見』欄に記載し、筆頭統括官の確認を受ける」（事務運営指針）こととされています。

　したがって、更正に向けて争点整理表が作成されると、争点整理表は審理担当者に提出されて、内容が検討されることとなります。

　そこで、審理担当者に法令の適用、事実認定を適切に行ってもらうためには、納税者において、正しい法令の解釈、事実認定の主張をして、それらが正確に争点整理表に記載され、かつ、有利な証拠資料を提出し、争点整理表に添付されるよう努力することが必要となってきます。

　審理担当者による処理後、事案によっては、税務署審理専門官の確認を受け、国税局主務課の支援や指導等を受けた上で、更正・決定・

第Ⅰ章　税務調査と質問検査権・更正等

賦課決定等の判断がされることになります。

　更正は、税務署長が、申告された課税標準等又は税額等の計算が国税に関する法律の規定に従っていなかったとき、その他その課税標準等又は税額等がその調査したところと異なるときに、その調査により、課税標準等又は税額等を更正するものです（国税通則法24条）。税額を増額させる更正を増額更正、税額を減額させる更正を減額更正といいます。

　決定は、税務署長が納税義務者が申告義務を怠った場合に、その調査により、課税標準等又は税額等を決定するものです（国税通則法25条）。

　賦課決定には、3種類があります。1つめは、納税義務者に課税標準申告書の提出義務が課されており、その提出がされた場合に、申告された課税標準が税務署長の調査したところと同じであるときに税務署長が納付すべき税額を決定するものです。2つめは、課税標準申告書の提出義務に違反して提出されていないとき、又は提出はあったが税務署長の調査と異なるときに、税務署長が課税標準および税額を決定するものです。3つめは、課税標準申告書の提出義務が課されていない場合に、税務署長が課税標準および税額を決定するものです。

　いったん更正・決定・賦課決定がされた場合には、後日、処分取消訴訟で処分の取消を求めたとしても、「税務訴訟は税務行政の適法性が公開の法廷で問われるものであり、個別事案としてマスコミの関心も高く、その結果は税務行政全体に大きく影響することから、的確な訴訟遂行により、勝訴判決を積み重ね税務行政に対する国民の信頼を確保していく必要がある」（国税庁課税部から平成21年10月5日に発出された全国国税局課税（第一・第二）部長（次長）会議資料）とされており、正しい課税処分よりも敗訴判決による国民の信頼失墜を回避することの方が重要視される傾向にあります。

　また、処分取消訴訟まで進んだ場合には「総額主義」により、国は、

原処分の理由の差し替えができることとなっています。つまり、税務調査で指摘した理由とは別の理由で処分の適法性を主張することができる、ということです。

これは、租税訴訟の訴訟物の問題です。租税訴訟の訴訟物については、「総額主義」と「争点主義」の対立があります。総額主義は、確定処分に対する争訟の対象はそれによって確定された税額（租税債務の内容）の適否である、とする見解であり、争点主義は、確定処分に対する争訟の対象は処分理由との関係における税額の適否である、とする見解です[1]。

判例は、総額主義の立場をとっており、訴訟における口頭弁論終結時までは、原則として処分の理由の差し替えが認められることとなります。

このようなことからも、租税争訟に至る前の税務調査において、誤った更正・決定・賦課決定がなされないよう、適切に対応していくことが重要となります。

# 9 理由附記

更正又は決定は、更正通知書又は決定通知書を送達して行うこととされています（国税通則法28条1項）。そして、更正通知書には、更正の理由を記載しなければならないとされています。

理由附記が求められる理由として、法人税法の事案において、最高裁は、「法人税法130条2項は、青色申告に係る法人税について更正をする場合には、更正通知書にその更正の理由を附記すべきものとしている。これは、更正処分庁の判断の慎重、合理性を担保してその恣意を抑制するとともに、更正の理由を相手方に知らせて不服申立ての

---

1　金子宏『租税法〈第23版〉』（弘文堂）1075頁

便宜を与える趣旨によるものと解される」としています（最高裁昭和
38年12月27日判決・民集17巻12号1871頁参照）。

　そして、同判決は、どの程度の理由を附記すべきかについて、「帳
簿書類の記載を否認して更正をする場合においては、法人税法が青色
申告制度を採用し、青色申告に係る所得の計算については、それが法
定の帳簿組織による正当な記載に基づくものである以上、その帳簿の
記載を無視して更正されることがないことを納税者に保障した趣旨に
鑑み、単に更正に係る勘定科目とその金額を示すだけではなく、その
ような更正をした根拠を帳簿記載以上に信憑力のある資料を摘示する
ことによって具体的に明示することを要するものというべきである。
他方、帳簿書類の記載自体を否認することなしに更正をする場合にお
いては、その更正は納税者による帳簿の記載を覆すものではないから、
そのような更正をした根拠について帳簿記載以上に信憑力のある資料
を摘示することは要しないが、更正の根拠を、上記の更正処分庁の恣
意抑制及び不服申立ての便宜という理由附記制度の制度目的を充足す
る程度に具体的に明示するものであることを要すると解され、更正処
分庁が当該評価判断に至った過程を検証しうる程度に記載する必要が
あるというべきである」と判示しています。

　最高裁は、青色申告における理由附記の記載の程度について、2つ
に場合分けをしています。

| 帳簿書類の記載を否認するか | どの程度の理由を附すべきか |
|---|---|
| 否認して更正 | 単に更正に係る勘定科目とその金額を示すだけではなく、そのような更正をした根拠を帳簿記載以上に信憑力のある資料を摘示することによって具体的に明示することを要する |
| 否認しないで更正 | 更正をした根拠について帳簿記載以上に信憑力のある資料を摘示することは要しないが、更正の根拠を、上記の更正処分庁の恣意抑制及び不服申立ての便宜という理由附記制度の制度目的を充足する程度に具体的に明示するものであることを要する |

# 第 II 章

## 法的三段論法

第II章　法的三段論法

# 1 法的三段論法とは

　裁判所が判決を出す時には、法的三段論法に当てはめて結論を出します。また、課税庁が更正をするときにも、法的三段論法を適用することとなります。三段論法とは、たとえば、「動物は死ぬ」、「ライオンは動物である」、「ゆえに、ライオンは死ぬ」というように大前提、小前提、結論という三段階の推論のことです。

　これを法律の適用過程に応用したのが法的三段論法で、法規範を大前提とし、事実を小前提として、法規範に事実を当てはめて判決という結論を出すことになります。

　更正においても、この法的三段論法に当てはめて行うため、「調査手続の実施に当たっての基本的な考え方等について（事務運営指針）第2章1の1」では、「調査とは、国税……に関する法律の規定に基づき、特定の納税義務者の課税標準等又は税額等を認定する目的その他国税に関する法律に基づく処分を行う目的で当該職員が行う一連の行為（証拠資料の収集、要件事実の認定、法令の解釈適用など）をいうことに留意する。」とされています。

　たとえば、納税者が離婚の際に不動産を財産分与した場合について、財産分与による所有権の移転は、譲渡所得が発生しないとして所得税の確定申告をした時に、税務調査の結果、不動産の財産分与も所得税法上の「資産の譲渡」に該当するとして、更正を行うこととします。

　この場合には、法的三段論法に当てはめ、(1)所得税法にいう「資産の譲渡」とは、有償無償を問わず資産を移転させるいっさいの行為をいう（最高裁昭和50年5月27日判決・百選第6版42事件）（法規範）、(2)納税者は、財産分与により、資産を配偶者に移転した（事実）、(3)ゆえに、納税者は、「資産の譲渡」をした（当てはめ）、という結論を出し、資産の増加益に関して更正を行うこととなります。

40

更正を行う際の法規範、事実、法規範への事実の当てはめ、の三段
階のいずれかに誤りがあれば、更正にも誤りがあることになります。
したがって、税務調査の際には、法的三段論法の三段階において誤り
がないかどうか、検討する必要があります。

# 2 法規範（法律解釈）

　法規範というのは、租税法規の条文を意味するのはもちろんですが、
条文だけでは、その意味内容を確定することはできません。たとえば、
所得税法33条の「資産の譲渡」といっても、どの範囲のものが「資産」
に含まれるのか、「譲渡」は有償に限るのか、無償の譲渡も含まれる
のか、については条文からは明らかでないので、それらを解明するこ
とが必要です。それが、法解釈となります。法解釈とは、「実定法の
規範的意味内容を解明する作業」をいうとされています[2]。

　法解釈には、文理解釈・論理解釈・歴史的解釈・目的論的解釈、な
ど複数の技法があります。以下、簡単に説明します。それぞれの定義
の解釈は、佐藤孝治ほか『法律学入門〈第3版補訂版〉』（189頁）に
よります。

　また、法解釈における固有概念と借用概念についても説明しておき
ます。

## (1) 文理解釈

　「法規の文字・文章の意味をその言葉の使用法や文法の規則に従っ
て確定することによってなされる解釈」です。

　ホステス報酬に係る源泉徴収について争われた事案において、最高
裁平成22年3月2日・百選第6版13事件は、「租税法規はみだりに規

---

2　佐藤孝治ほか『法律学入門〈第3版補訂版〉』（有斐閣）189頁

定の文言を離れて解釈すべきものではなく、原審のような解釈を採ることは、……文言上困難」と判示し、所得税法施行令322条の「当該支払金額の計算期間の日数」について、「当該支払金額の計算の基礎となった期間の初日から末日までという時的連続性を持った概念であると解するのが自然」であると判示しています。

金子宏『租税法（第23版）』（弘文堂）でも、「租税法は侵害規範（Eingriffsnorm）であり、法的安定性の要請が働くから、その解釈は原則として文理解釈によるべきであり、みだりに拡張解釈や類推解釈を行うことは許されない」としています。

憲法30条は、「国民は、法律の定めるところにより、納税の義務を負う」とし、84条で、「あらたに租税を課し、又は現行の租税を変更するには、法律又は法律の定める条件によることを必要とする」として、租税法律主義を定めています。そして、租税法律主義は、課税要件法定主義、課税要件明確主義を要請します。課税要件は、納税義務ないし租税債務が成立するための要件です。課税要件法定主義および課税要件明確主義からは、納税義務を成立されるための要件は、法律又はその具体的・個別的委任による政省令等で定められることが必要であり、かつ、その定めは可能な限り一義的で明確である必要があります。さらに、その明確に定められた要件は、その文理に従って解釈されなければなりません。

したがって、租税法規の解釈は、文理解釈が原則となります。

## ⑵　論理解釈

「ある法規と他の関係諸法規との関連、問題となっている法令・法領域あるいは法体系全体の中でその法規が占める位置など、法規の体系的連関を考慮しながら行われる解釈」です。拡張解釈と縮小解釈が主なものとされています。

弁護士会の役員が役員として支出した費用が必要経費に該当するか

どうかが争われた事案において、課税庁が、一般対応の必要経費の該当性は、当該事業の業務と「直接」関係を持つことが必要だとして、限定解釈をしたのに対し、東京高裁平成24年9月19日判決・判時2170号20頁は、「ある支出が業務の遂行上必要なものであれば、その業務と関連するものでもあるというべきである」として、限定解釈を否定しています。

### (3) 歴史的解釈

「法規の成立過程、とくに法案・その理由書・立案者の見解・政府委員の説明および議事録などのいわゆる立法資料を参考にして、法規の歴史的意味内容を解明することによってなされる解釈」です。

### (4) 目的論的解釈

「法規自体の目的・基本思想あるいは法規の適用対象である問題領域の要請などを考慮しつつ、それらに適合するように法規の意味内容を目的合理的に確定する解釈」です。

納税者がゴルフ会員権の贈与を受けた際の名義書換手数料が譲渡所得の金額の計算における「資産の取得に要した金額」に該当するかどうかが争われたいわゆる右山事件において、最高裁平成17年2月1日判決（百選第6版44事件）は、所得税法60条の趣旨を、「増加益に対する課税の繰延べ」であるとした上で、その法の趣旨からすると、本件付随費用は「資産の取得に要した金額」に該当する、と結論づけています。

### (5) 借用概念と固有概念

借用概念とは、他の法分野で用いられている概念であり、固有概念とは、他の法分野では用いられておらず、租税法が独自に用いている概念です。

第 II 章　法的三段論法

借用概念の例としては、利益の配当の支払をする者は源泉徴収義務を負う旨の規定における「配当」は会社法で用いられている概念です。固有概念の例としては、「所得」とか「移出」などがあります[3]。

「住所」の解釈が争われた武富士事件において、最高裁平成23年2月18日・百選第6版14事件は、住所について民法における解釈をした上で、それは、「法が民法上の概念である『住所』を用いて課税要件を定めているため、本件の争点が上記『住所』概念の解釈適用の問題となることから導かれる帰結であるといわざるを得ず」と判示しています。そして、同判決は、租税回避などを防止するには、「法の解釈では限界があるので、そのような事態に対応できるような立法によって対処すべき」としています。

# 3　事実（小前提）

更正を行う際には、法解釈の各技法によって租税法規の規定の意味内容を解明し、それに事実を当てはめる作業を行います。したがって、更正にあたっては、必ず事実を認定する作業が行われることになります。

しかし、場合によっては、事実があるかどうか認定できない、という場合もあります。このような場合に、いずれか一方の当事者が負う不利益又は負担のことを「立証責任」といいます。

そして、事実認定においては、立証責任を負担する当事者が、「どの程度まで立証」すれば、証明できたことになるのか、という「証明度」も考える必要があります。立証責任を負担する者の立証が、証明度に達しないときは、その主張する事実が認定できず、不利益又は負担を負うことになります。

---

3　金子宏『租税法〈第23版〉』（弘文堂）126頁

課税庁が更正をする際には、後日、処分取消訴訟において勝訴できることを前提としています。そして、課税庁が立証責任を負担する事実について、証明度に達する立証ができない時は、更正処分が取り消されることになりますので、事実認定は重要な作業ということになります。

米国関係会社を経由した迂回取引かどうかが争われたアルゼ事件において、東京高裁平成15年1月29日判決は、提出された証拠によっては、国の主張する事実を「認めることはできず、他に、これを認めることができる的確な証拠はない」として、立証責任により、国側敗訴判決を出しました。

したがって、税務調査において、課税庁が納税者の税務処理を否認する旨の主張をしている際には、課税庁が収集した証拠によって、課税庁の主張する税務処理の課税要件事実の立証が証明度に達しているかどうかを吟味することが必要となってきます。

# 4 法適用（当てはめ）

法を適切に解釈し、事実を適切に認定しても、法規範に事実を認定する当てはめが違法となる場合があります。

納税者が平成11年分の所得税の確定申告において勤務先の日本法人の親会社である外国法人から付与されたストック・オプションの権利行使益を一時所得として申告したことにつき国税通則法65条4項にいう「正当な理由」があるかどうかが争われた事案において、法解釈が正しく、事実も国の主張どおりであるとしても、通達を変更した際には、通達を発するなどして変更後の取扱いを納税者に周知させ、これが定着するよう必要な措置を講ずべきものである」として、それを怠っていたことを理由として、国側の主張を認めなかった最高裁平成18年10月24日判決・判時1955号37頁があります。

45

# 第Ⅲ章

## 更正・決定等の
## 前提としての事実認定

第**Ⅲ**章　更正・決定等の前提としての事実認定

# 1 課税要件事実の主張立証責任

　課税庁が更正・決定等を行うには、法を解釈し、事実を認定した上で、法規範に事実を当てはめることが必要です。では、事実はどのように認定されるのでしょうか。課税庁が更正等を行う際には、後日、最終的には処分取消訴訟において敗訴しないようにしなければなりません。したがって、訴訟における事実認定に従って事実認定を行うことになります。

　そして、訴訟においては、主張立証責任が観念されており、主張立証責任を負担する当事者が、法律上の要件（課税要件）に該当する事実を主張立証しなければなりません。

　では、更正処分の違法性を争う処分取消訴訟における立証責任の分配は、どのようになっているのでしょうか。

　要件事実の立証責任の分配については、主に3つの説があります[4]。

(1)　法律要件分類説といい、民事訴訟における立証責任の分配に関する通説です。行政処分の権利発生事実は行政庁が、権利障害及び消滅事実は国民が立証責任を負うとする説です。取消を求められた行政処分（更正）が法規を適用した行政処分であるときは、国が立証責任を負い、法規の適用を拒否した行政処分であるときは、国民が立証責任を負う、という説明もできます。

(2)　当事者の公平、事案の性質、事物に関する立証の難易等によって具体的な事案についていずれの当事者に不利益に判断するかを決定する説です。

(3)　国民の自由を制限し、又は国民に義務を課する行政処分の取消を求める訴訟では国が立証責任を負い、国民の側から国に対して

---

4　『租税訴訟の審理について〈第3版〉』(法曹界) 173頁

自己の権利領域を拡張することを求める請求をする訴訟では、国民が立証責任を負うとする説です。

裁判例においては、必ずしもいずれの説によるか明言しないものが多いものの、おおむね(1)の法律要件分類説によるものが多いと言われています。

# 2 立証責任に関する裁判例

以下では、裁判例において、立証責任に言及されたものを取り上げます。

最高裁判決は、所得税事案に関し、「所得の存在及びその金額について決定庁が立証責任を負うことはいうまでもないところである」(最高裁昭和38年3月3日判決・訟月9巻5号668頁)としており、課税要件事実の主張立証責任は国にあるとしています。

下級審判例でも、「本件算定方法が租税特別措置法66条の4第2項第2号ロ所定の再販売価格基準法に準ずる方法と同等の方法に当たることは、課税根拠事実ないし租税債権発生の要件事実に該当するから、上記事実については、処分行政庁において主張立証責任を負うものというべきである」(東京高裁平成20年10月30日判決)、「本件においては、特定外国子会社等に当たるA社が措置法40条の4第4項所定の適用除外要件のうちの実体基準及び管理支配基準を満たすか否かが争点となっているところ、課税庁の属する被告側がA社が上記の各適用除外要件を満たさないことを主張立証する必要がある」(東京地裁平成24年10月11日判決)、「国外に所在する子会社等の実体の把握についても、もともと、税金訴訟では、納税者側の事情が主張立証の対象となることが多い(国の事情や純然たる第三者の事情が主張立証となることは、通常は、想定されない)のであるから、主張立証責任を決めるに当たって、証拠への近さは、あまり重視すべきではないと

第Ⅲ章　更正・決定等の前提としての事実認定

考えられる」（東京高裁平成25年5月29日判決）など、証拠との近さにかかわらず、課税要件事実の主張立証責任は国にある、としています。

しかし、課税要件事実の主張立証責任が国にある、ということは、原告である納税者が何らの立証責任を負わない、ということを意味するものではありません。

必要経費などについては、納税者の領域内にあり、また、証拠を保全しておくことはそれほど困難ではないことが多いので、その立証は容易なことが多いと思われます。したがって、国側において、経費の不存在について一定の立証をした場合には、納税者が立証可能なはずなのに、合理的な立証ができないときは、国の立証が成功した、と判断される場合もありえます。したがって、課税要件事実の立証責任が国にあるとしても、納税者としても、積極的に立証活動を展開していくことが必要です。

裁判例においても、「必要経費について、控訴人が行政庁の認定額をこえる多額を主張しながら、具体的にその内容を指摘せず、したがって、行政庁としてその存否・数額についての検証の手段を有しないときは、経験則に徴し相当と認められる範囲でこれを補充しえないかぎり、これを架空のもの（不存在）として取り扱うべきものと考える」（広島高裁岡山支部昭和42年4月26日判決・行集18巻4号614頁）としたもの、「被告が右の調査に基づく一応の立証を尽くした以上、被告の認定しえた額を超える多額を主張する原告が具体的にその支払額、相手方等を明らかにしえない限り、本件各土地の売買により発生した譲渡所得が原告に帰属するものと認められてもやむを得ないというべきである」（岡山地裁昭和44年7月10日判決・判時590号29頁）としたものなどがあります。

また、一般経費については国に立証責任を課すものの、特別経費については、納税者に立証責任がある、とする裁判例があります。利息

について、「一般に必要経費の点も含め課税所得の存在については課税庁に立証責任があると解されるが、必要経費の存在を主張、立証することが納税者にとって有利かつ容易であることに鑑み、通常の経費についてはともかくとして、利息のような特別の経費については、その不存在につき事実上の推定が働くものというべく、その存在を主張する納税者は右推定を破る程度の立証を要するものと解するのが公平である。」（大阪高裁昭和46年12月21日判決・税資63号1233頁）とするもの、訴訟費用について、「所得の存在およびその金額について課税庁が立証責任を負うことはいうまでもないから、必要経費についても課税庁に立証責任があると解されるが、必要経費の存在を主張、立証することは納税者にとって有利かつ容易であるところからすると、公平の観念に照らし、通常の経費についてはともかく、訴訟費用のような特別の経費、すなわち、事実上不存在の推定が働くような特別の経費については、その存在を主張する納税者が右推定を破る程度の立証を要するものと解するのが相当である」（神戸地裁昭和53年9月22日判決・訟月25巻2号501頁）とするもの、また、雑損控除について、高松高裁昭和44年5月23日・税資56号688頁）、地元分配金について、東京地裁昭和49年2月22日判決・税資74号419頁）、控訴審東京高裁昭和50年8月27日判決・税資82号287頁）などがあります。

　貸倒損失についても、「貸倒損失は、通常の事業活動によって、必然的に発生する必要経費とは異なり、事業者が取引の相手方の資産状況について十分に注意を払う等合理的な経済活動を遂行している限り、必然的に発生するものではなく、取引の相手方の破産等の特別の事情がない限り生ずることのない、いわば特別の経費というべき性質のものである上、貸倒損失の不存在という消極的事実の立証には相当の困難を伴うものである反面、被課税者においては、貸倒損失の内容を熟知し、これに関する証拠も被課税者が保持しているのが一般であ

第Ⅲ章　更正・決定等の前提としての事実認定

るから、被課税者において貸倒損失となる債権の発生原因、内容、帰属及び回収不能の事実等について具体的に特定して主張し、貸倒損失の存在をある程度合理的に推認させるに足りる立証を行わない限り、事実上その不存在が推定されるものと解するのが相当である。」（仙台地裁平成6年8月29日判決・訟月41巻12号3093頁、仙台高裁平成8年4月12日判決・税資216号44頁）とされています。

　しかし、この貸倒損失に関する裁判例の判断には疑問です。法人税基本通達9-6-1は、貸倒損失の要件として、「⑷　債務者の債務超過の状態が相当期間継続し、その金銭債権の弁済を受けることができないと認められる場合において、その債務者に対し書面により明らかにされた債務免除額」としていますが、金融機関は別として、法人が通常の商取引をするに際し、相手方の決算書等の交付を受けることはほとんどありません。また、取引の相手方が資産超過か債務超過かを知りうる手段は少ないでしょう。したがって、「債務者の債務超過の状態が相当期間継続」していることについて、立証は困難と言わざるをえません。反対に、課税庁においては債務者に対して質問検査を行うことによって債務者が債務超過であるかどうかを立証するのは容易であるといえるでしょう。

　また、同通達9-6-2は、「法人の有する金銭債権につき、その債務者の資産状況、支払能力等からみてその全額が回収できないことが明らかになった場合には、その明らかになった事業年度において貸倒れとして損金経理をすることができる。」としていますが、「債務者の資産状況、支払能力」などは、課税庁の方が調査を容易にでき、かつ、立証が容易であるように思います。反面、納税者においては、債務者の資産状況や支払能力などを調査し、立証するのは困難な場合が多いように思われます。

　したがって、貸倒損失について全て納税者が立証責任を負担するというのは妥当ではなく、貸倒の理由に応じて適切に立証責任を分配し

ていくのが妥当だと考えます。

# 3 主要事実、間接事実、補助事実

　課税要件事実の立証責任が定まったとして、どのような事実を立証する必要があるか、が次に問題となります。立証の対象となる事実に、主要事実、間接事実、補助事実があります。

　主要事実とは、法律効果を生じさせる法律要件に該当する具体的事実を言います。たとえば、金銭消費貸借契約の法律要件は、当事者間で(1)金銭を交付すること、(2)返還を約束すること、です。この2つが主要事実となります。

　間接事実とは、主要事実を推認させる事実を言います。たとえば、金銭消費貸借契約でいえば、「当日、貸主が貸し付けたとする金額を銀行預金から引き出した」というような事実です。

　補助事実とは、証拠の信用性に影響を与える事実を言います。たとえば、金銭消費貸借契約でいえば、借用書に押されている印影は、借主の印鑑によるものである」というような事実です。

　立証責任を負う者は、これらの事実を立証することにより、立証の成功を目指すことになります。

# 4 事実の証明度

　立証責任を負う者は、事実を証明しなければならないわけですが、どの程度証明すれば、立証責任を果たしたことになるのでしょうか。これが、証明度の問題です。

　証明度に関しては、有名な判決があります。「ルンバール事件判決」です。

　ルンバール事件判決（最高裁昭和50年10月24日判決・民集29巻

第Ⅲ章　更正・決定等の前提としての事実認定

9号1417頁）は、化膿性髄膜炎に罹患した幼児の治療として、医師が「ルンバール」という治療をした後に幼児にけいれん発作等及び知能障害等の病変が生じたことについて、同病変等がルンバール施術のショックによる脳出血によるものと認定できるかどうかが争われた事案です。

　この事案において、最高裁は、証明度について、「訴訟上の因果関係の立証は、一点の疑義も許されない自然科学的証明ではなく、経験則に照らして全証拠を総合検討し、特定の事実が特定の結果発生を招来した関係を是認しうる高度の蓋然性を証明することであり、その判定は、通常人が疑を差し挟まない程度に真実性の確信を持ちうるものであることを必要とし、かつ、それで足りるものである」と判示しています。そして、経験則を用いて、病変等がルンバール施術のショックによる脳出血によるものと認定しました。

　この裁判例から、証明度について次のことが言えることになります。

① 　立証は、一点の疑義も許されない自然科学的証明ではない

② 　経験則に照らして全証拠を総合検討する

③ 　因果関係については高度の蓋然性を証明する

④ 　通常人が疑を差し挟まない程度に真実性の確信を持ちうるものであることを必要とし、かつ、それで足りる

　したがって、税務調査において、課税庁から納税者の税務処理を否認された場合には、課税等が主張する課税要件事実が、収集された証拠により、この証明度に達しているかを吟味する必要があります。

# 5　動かし難い事実

　更正の前提として、事実認定をする際に、課税庁の主張する事実と納税者が主張する事実が食い違う場合があります。このような場合には、事実をどうやって認定するのでしょうか。ここでは、訴訟におい

て、裁判官がどのように事実認定を行うのかについて見ていくことにします。

　裁判官が訴訟において事実認定をする時には、事件の中で「動かし難い核となる事実」をいくつか見つけて、それらを有機的につないでいって、重要な事実関係が、いわば仮説として構成されていく、その過程で、その仮説では証明できない証拠が動かし難いものとして出てきたときは、その仮説をご破算にして新しい目で見直してみる、という方法です[5]。

　次のようなプロセスを辿ります。

① 　動かし難い事実をいくつか見つける

② 　動かし難い事実を有機的につなげる

③ 　動かし難い事実をつないだ仮説としてのストーリーを作る

④ 　仮説ストーリーと矛盾する動かし難い証拠が出てきたら、仮説を作り直す

⑤ 　繰り返す

「動かし難い事実」の例としては、たとえば、甲が乙に対して1,000万円を貸し付けて、800万円の貸金債権が残っているかどうかが争いになっている際に、平成30年10月5日に甲の銀行口座から乙の銀行口座に対して1,000万円の振込があった記録があれば、その振込の事実は、「動かし難い事実」となります。また、その後に2回、乙の銀行口座から甲の銀行口座に100万円ずつ振込の記録があったならば、それも「動かし難い事実」となります。これをつなぎ合わせ、仮説としてのストーリーを作ると、「甲から乙に対して平成30年10月5日に、1,000万円の貸付けがあり、乙から甲に対し、2回にわたり、100万円ずつ返済された」というものになります。

　ところが、その後、甲から乙に対する、「平成30年10月5日付け

---

**5**　司法研修所編『民事訴訟における事実認定』（法曹界）25頁

第Ⅲ章　更正・決定等の前提としての事実認定

金銭消費貸借契約の完済証明書」という書類が出てきたとします。そして、そこには甲の実印と印鑑証明書が添付されていました。甲は、これが偽造だという証拠を出せません。そうすると、甲が乙に対し、完済証明書を発行したことが動かし難い事実となります。この動かし難い事実は、800万円の残金があることと矛盾します。そうなると、前記各振込は、どのような意味を持った振込であるのか、この完済証明書との関係を結びつける仮説のストーリーを作り直す必要が出てくる、ということになります。

　そして、そのストーリーを作る際には、経験則を用いることになります。経験則というのは、「経験から帰納して得られる事物の性状や因果関係等についての知識や法則」を言います[6]。

　たとえば、

　「このような場合には、必ずこのようなことが生ずる」（必然性）

　「このような場合には、通常、このようなことが生ずる」（蓋然性）

　「このような場合には、このようなことが生ずることがある」（可能性）

と紹介されています[7]。

　したがって、税務調査において、事実認定が問題となった場合には、動かし難い事実を見つけ、課税庁が主張する事実認定と、動かし難い事実は矛盾しないか、を吟味するとともに、経験則を用いて事実認定をしていくことが必要となります。

---

6　司法研修所編『民事訴訟における事実認定』（法曹界）28頁
7　司法研修所編『民事訴訟における事実認定』（法曹界）28頁

# 第 Ⅳ 章

## 納税者勝訴判決に見る
## 課税庁の判断の誤り

第**Ⅳ**章　納税者勝訴判決に見る課税庁の判断の誤り

## 序　更正が違法となる七つの場面

　更正に関する処分取消訴訟において、納税者が勝訴する、ということは、更正処分、更正すべき理由がない旨の通知処分、または各種加算税などの賦課決定処分などの行政処分が違法であった、ということになります。あるいは、租税職員の行為が違法とされ、国家賠償請求において、国が敗訴することもあります。

　過去の裁判例を検討すると、課税庁の判断や租税職員の行為が違法と判断され、国が敗訴した段階は、以下の七段階に分類することができます。

　　第一段　法律解釈
　　第二段　事実認定
　　第三段　法適用（当てはめ）
　　第四段　信義則・裁量権の逸脱・濫用
　　第五段　手続違背
　　第六段　錯誤
　　第七段　理由附記

　以下、上記七段階の各段階において、国が敗訴した裁判例について紹介していきます。

# 1 法律解釈で処分が違法とされた裁判例

　第一段は、課税庁が法律解釈を誤ったことにより、更正が取り消された事例です。課税庁が更正処分をするには、法律を解釈し、事実をその解釈に当てはめることが必要です。しかし、法律解釈が誤っていたら、当然のことながら、更正が違法となります。過去の裁判例をみると、課税庁が誤った法律解釈を前提として更正をしたために、後日の処分取消訴訟で国が敗訴した事例があります。

## (1)　文理解釈が問題となった裁判例

　文理解釈とは、法規の文字・文章の意味をその言葉の使用法や文法の規則に従って確定することによってなされる解釈です。過去の裁判例には、課税庁が文理解釈を離れて法解釈をしたために、誤った法解釈となり、その結果、更正・決定処分が違法とされたものがあります。

　租税法は侵害規範であり、法的安定性の要請が強くはたらくので、租税法を解釈するには、原則として文理解釈によるべきであり、みだりに拡張解釈や類推解釈を行うことは許されないと考えられています[8]。

　最高裁判例においても、「租税法の規定はみだりに拡張適用すべきものではない」最高裁昭和48年11月16日判決・民集27巻10号1333)、「このような租税法律主義の原則に照らすと、租税法規はみだりに規定の文言を離れて解釈すべきものではない」(最高裁平成27年7月17日判決・判タ1418号86頁) とされ、租税法の解釈は文理解釈が原則であるとされています。

　最高裁平成22年3月2日・百選第6版13事件のホステス源泉所得

---

[8]　金子宏『租税法〈第23版〉』(弘文堂) 123頁

税事件は、パブクラブを経営する納税者が、使用しているホステスに対して半月ごとに支払う報酬にかかる源泉所得税を納付するに際し、5,000円に半月間の全日数を乗じて各月分の源泉所得税額を算出し、それに基づいて計算した額を納付していたところ、税務署長が、半月間の全日数ではなく、実際の出勤日数を乗ずべきであるとして納税告知および不納付加算税の賦課決定を行った事案です。

この事案では、所得税法施行令322条の「当該支払金額の計算期間」が問題となりました。

この「期間」についての法解釈について最高裁は、「一般に、『期間』とは、ある時点から他の時点までの時間的隔たりといった、時的連続性を持った概念であると解されているから、施行令322条にいう『当該支払金額の計算期間』も、当該支払金額の計算の基礎となった期間の初日から末日までという時的連続性をもった概念であると解するのが自然であり、これと異なる解釈を採るべき根拠となる規定は見当たらない」「租税法規はみだりに規定の文言を離れて解釈すべきものではなく……『当該支払金額の計算期間』は、本件各集計期間の全日数となるものというべきである」として、納税者勝訴判決を出しました。

東京地裁平成19年4月17日判決・判時1986号23頁（控訴棄却、上告不受理決定）は、納税者である銀行が、資金調達の目的で米国の銀行を代理人として、複数の外国法人とレポ取引（有価証券取引の一類型であり、一般的には、当初売買する有価証券と同種・同量の有価証券を将来一定価格で再売買するとの条件の下で、有価証券を売買し、その後にその有価証券と同種・同量の有価証券を一定価格で再売買する取引）を行ったという事案です。課税庁は、レポ差額は、所得税法上の国内源泉所得である貸付金の「利子」に該当し、源泉徴収義務があるとして、納税告知処分及び各不納付加算税賦課決定処分をしたものです。

裁判所は、「税法の解釈において使用される用語の用法が通常の用

語の用法に反する場合、当該税法が客観性を失うことになるため、納税者の予測可能性を害し、また、法的安定性をも害することになることからすれば、税法中に用いられた用語が法文上明確に定義されておらず、他の特定の法律からの借用した概念であるともいえない場合であっても、その用語は、特段の事情がない限り、言葉の通常の用法に従って解釈されるべきである。」と文理解釈を原則とする旨を明らかにした上で、事実を認定し、納税者勝訴判決をしました。

東京高裁平成23年8月4日判決（TAINS　Z261-11728）は、納税者が、平成15年分、平成16年分の各所得税について、納税者の出資先であるいわゆる任意組合等から生じた利益又は損失の額を所得税基本通達36・37共-20（以下「本件通達」といいます。）に定める純額方式（任意組合の利益金額や損失金額のみを各組合員に配分する方法）により納付すべき税額等を計算し、平成17年分については、総額方式（損益計算書、貸借対照表の各項目の全てを各組合員に配分する方法）により納付すべき税額等を計算して確定申告書を提出したところ、課税庁から、全てにつき総額方式により納付すべき税額等を計算すべきであるとして更正及び過少申告加算税の賦課決定処分を受けた事案です。この事案において、裁判所は、「本件通達（所基通36・37共-20）は、継続して中間方式や純額方式により計算している場合には、「その計算を認めるものとする」と定めており、継続適用を要件としているほかは特段の要件を定めていないものであって、本件通達に定めていない要件を、通達の改正をしないまま解釈により付加することは、租税法律主義の趣旨に抵触する」と判示して、納税者勝訴の判決をしました。

このように、租税法規の解釈は、文理解釈を原則とすべきであるにもかかわらず、課税庁が規定の文言を離れて法解釈をする場合には、更正・決定が違法となる場合があることになります。

第**Ⅳ**章　納税者勝訴判決に見る課税庁の判断の誤り

## ⑵　借用概念

　借用概念とは、他の法分野で用いられている概念であり、固有概念とは、他の法分野では用いられておらず、租税法が独自に用いている概念です。

　借用概念については、「私法との関連で見ると、納税義務は、各種の経済活動ないし経済現象から生じてくるのであるが、それらの活動ないし現象は、第一次的には私法によって規律されているから、租税法がそれらを課税要件規定の中にとりこむに当たって、私法上におけると同じ概念を用いている場合には、別意に解すべきことが租税法規の明文又はその趣旨から明らかな場合は別として、それを私法上におけると同じ意義に解するのが、法的安定性の見地からは望ましい」とされています[9]。

　最高裁平成23年2月18日判決・訟月59巻3号864頁・百選第6版14事件の武富士事件の事案は、次のようなものです。

　甲（消費者金融会社A社の代表者）および甲の妻乙は、オランダ王国における有限責任会社丙社の出資口数を有していたところ、A社の株式1,569万8,800株を有限責任会社丙社に譲渡した上で、甲および乙の有する有限責任会社丙社の出資口数を甲と乙の長男Xに贈与しました。

　そして、当時Xは、日本に住所を有しないものとして、贈与税の課税要件を満たさないと判断しました。

　これに対し、課税庁は、長男の住所は贈与当時国内にあるとして、贈与税決定処分および無申告加算税賦課決定処分をしました。

　この裁判では、Xが日本に住所を有するかどうか、すなわち、相続税法1条の2（現在は1条の3）の「住所」の意義が争われたものです。

　最高裁は、「法1条の2によれば、贈与により取得した財産が国外

---

9　金子宏『租税法〈第23版〉』（弘文堂）126頁

にあるものである場合には、受贈者が当該贈与を受けた時において国内に住所を有することが、当該贈与についての贈与税の課税要件とされているところ、ここにいう住所とは、反対の解釈をすべき特段の事由はない以上、生活の本拠、すなわち、その者の生活に最も関係の深い一般的生活、全生活の中心を指すものであり、一定の場所がある者の住所であるか否かは、客観的に生活の本拠たる実体を具備しているか否かにより決すべきものと解するのが相当である」「法が民法上の概念である『住所』を用いて課税要件を定めているため、本件の争点が上記『住所』概念の解釈適用の問題となることから導かれる帰結であるといわざるを得ず、他方、贈与税回避を可能にする状況を整えるためにあえて国外に長期の滞在をするという行為が課税実務上想定されていなかった事態であり、このような方法による贈与税回避を容認することが適当でないというのであれば、法の解釈では限界があるので、そのような事態に対応できるような立法によって対処すべき」として、納税者勝訴判決をしました。

最高裁昭和35年10月7日判決・民集14巻12号2420頁は、株主相互金融会社が株主に支払う優待金は所得税法第9条第2号の利益配当に当たるかどうかが争われた事案です。この事案で、最高裁は、「商法は、取引社会における利益配当の観念（すなわち、損益計算上利益を株金額の出資に対し株主に支払う金額）を前提として、この配当が適当に行なわれるよう各種の法的規制を施しているものと解すべきである（たとえば、いわゆる蛸配当の禁止〔商法290条〕、株主平等の原則に反する配当の禁止〔同法293条〕等。）そして、所得税法中には、利益配当の概念として、とくに、商法の前提とする、取引社会における利益配当の観念と異なる観念を採用しているのと認めるべき規定はないので、所得税法もまた、利益配当の概念として、商法の前提とする利益配当の観念と同一観念を採用しているものと解するのが相当である。従って、所得税法上の利益配当とは必ずしも、商法の規定に従っ

第**IV**章　納税者勝訴判決に見る課税庁の判断の誤り

て適法になされたものにかぎらず、商法が規則の対象とし、商法の見地からは不適法とされる配当（たとえば蛸配当、株主平等の原則に反する配当等）の如きも、所得税法上の利益配当のうちに含まれるものと解すべきことは所論のとおりである。しかしながら、原審の確定する事実によれば、本件の株主優待金なるものは、損益計算上利益の有無にかかわらず支払われるものであり株金額の出資に対する利益金として支払われるものとのみは断定し難く、前期取引会社における利益配当と同一性質のものであるとはにわかに認め難いものである。されば右優待金は、所得税法上の雑所得にあたるかどうかはともかく、またその全部もしくは一部が法人所得の計算上利益と認められるかどうかの点はともかく、所得税法9条2号にいう利益配当には当らず、従って、被上告人は、これにつき、同法37条に基づく源泉徴収の義務を負わないものと解すべきである。」と判示しました。

　このように、租税法の課税要件の中に、他の法分野で用いられている概念を取り込んでいる場合には、租税法独自の解釈ではなく、他の法分野で用いられている解釈を用いることとなりますので、課税庁が借用概念につき、独自の解釈をした場合には、その更正又は決定は、違法として取消の対象となることがあります。

## ⑶　目的論的解釈

　目的論的解釈とは、法規自体の目的・基本思想あるいは法規の適用対象である問題領域の要請などを考慮しつつ、それらに適合するように法規の意味内容を目的合理的に確定する解釈です。

　租税法は侵害規範なので、文理解釈が原則になるわけですが、文理だけでは租税法を解釈できない場合があります。そのような場合には、問題となった租税法規の目的や基本思想などから、法規の意味内容を解釈することが要請されることになります。

　目的論的解釈により、納税者勝訴判決をしたものに最高裁平成17

年2月1日判決・百選第6版44事件の右山事件があります。この事案は、納税者Xが、父親からゴルフクラブ会員権の贈与を受け、名義書換手数料を支払って取得した後、第三者に売却した、というものです。この事案において、Xは、所得税の確定申告において、譲渡所得の計算をするに際し、会員権の売却代金の他に、贈与を受けた際の名義書換手数料も取得費に算入しました。これに対し、課税庁は、名義書換手数料を取得費に算入することを認めず、更正および過少申告加算税の賦課決定処分をしました。

　これに対し、最高裁は、「譲渡所得に対する課税は、資産の値上がりによりその資産の所有者に帰属する増加益を所得として、その資産が所有者の支配を離れて他に移転するのを機会にこれを清算して課税する趣旨のものである」と、譲渡所得課税の立法趣旨を論じた上で、「法60条1項の規定の本旨は、増加益に対する課税の繰延べにあるから、この規定は、受贈者の譲渡所得の金額の計算において、受贈者の資産の保有期間に係る増加益に贈与者の資産の保有期間に係る増加益を合わせたものを超えて所得として把握することを予定していないというべきである。そして、受贈者が贈与者から資産を取得するための付随費用の額は、受贈者の資産の保有期間に係る増加益の計算において、『資産の取得に要した金額』（法38条1項）として収入金額から控除されるべき性質のものである。そうすると、上記付随費用の額は、法60条1項に基づいてされる譲渡所得の金額の計算において『資産の取得に要した金額』に当たると解すべきである」と判示して、納税者勝訴判決をしました。

　また、最高裁平成18年4月25日判決・百選第6版97事件は、納税者が税理士に委任して所得税の確定申告をしたところ、税理士が納税者の住所欄に虚偽の住所を、必要経費欄に虚偽の数字を記載して所得税の確定申告書を作成していた、という事案で、課税庁から過少申告加算税および重加算税の賦課決定処分を受けた事案です。

第**Ⅳ**章　納税者勝訴判決に見る課税庁の判断の誤り

　この事案において、最高裁は、重加算税は、「納税者が過少申告を
するにつき隠ぺい又は仮装という不正手段を用いていた場合に、過少
申告加算税よりも重い行政上の制裁を課すことによって、悪質な納税
義務違反の発生を防止し、もって申告納税制度による適正な徴税の実
現を確保しようとするものである」と、重加算税の立法趣旨を述べた
上、「納税者以外の者が隠ぺい仮装行為を行った場合であっても、そ
れが納税者本人の行為と同視することができるときには、形式的にそ
れが納税者自身の行為でないというだけで重加算税の賦課が許されな
いとすると、重加算税制度の趣旨及び目的を没却することになる」と
して、納税者以外の第三者の隠ぺい又は仮装行為による重加算税の賦
課決定処分が可能であるという見解を示しています。

## ⑷　私法上の法形式を重視

　同じ経済効果を享受する複数の法形式がある場合に、当事者がある
法形式を選択し、その法形式に基づいて税務申告をした場合に、課税
庁が、当事者が選択した法形式とは異なる法形式に引き直し、引き直
し後の法形式に基づいて課税処分を行う場合があります。

　この場合に、むやみに当事者が選択した法形式を異なる法形式に引
き直して課税処分をすることが違法と評価される場合があります。

　東京高裁平成11年6月21日判決・百選第6版17事件の岩瀬事件
は、次のような事案です。

　納税者Xは、地上げ屋であるY社の要望に応じ、Xの所有地をA社
に譲渡し、代替地をA社から購入することとしました。XのY社に対
する譲渡価格は7億3,000万円です。これに対し、Y社は代替地（時
価7億8,000万円）をXに4億3,000万円で譲渡します。そして、こ
の差額である3億円をY社がX社に支払うこととしました。Xは、こ
の売買契約という法形式を前提として、その所有地の譲渡価額を7億
3,000万円として譲渡所得を計算し、所得税の確定申告をしました。

ところが、課税庁は、これらは不可分一体の補足金付交換契約とした上、譲渡所得の金額に誤りがあるとして、Xに対して更正および過少申告加算税賦課決定処分をしました。

裁判所は、「本件取引の法形式を選択するに当たって、より本件取引の実質に適合した法形式であるものと考えられる本件譲渡資産と本件取得資産との補足金付交換契約の法形式によることなく、本件譲渡資産及び本件取得資産の各別の売買契約とその各売買代金の相殺という法形式を採用することとしたのは、本件取引の結果亡（原告）ら側に発生することとなる本件譲渡資産の譲渡による譲渡所得に対する税負担の軽減を図るためであったことが、優に推認できるものというべきである」として、税負担の軽減目的を推認しました。

しかし、同時に、「本件取引のような取引においては、むしろ補足金付交換契約の法形式が用いられるのが通常であるものとも考えられるところであり、現に、本件取引においても、当初の交渉の過程においては、交換契約の形式を取ることが予定されていたことが認められるところである（乙第8号証）。しかしながら、最終的には本件取引の法形式として売買契約の法形式が採用されるに至ったことは前記のとおりであり、そうすると、いわゆる租税法律主義の下においては、法律の根拠なしに、当事者の選択した法形式を通常用いられる法形式に引き直し、それに対応する課税要件が充足されたものとして取り扱う権限が課税庁に認められているものではないから、本件譲渡資産及び本件取得資産の各別の売買契約とその各売買代金の相殺という法形式を採用して行われた本件取引を、本件譲渡資産と本件取得資産との補足金付交換契約という法形式に引き直して、この法形式に対応した課税処分を行うことが許されないことは明かである」として、納税者勝訴判決をしました。国は上告受理申立をしましたが、最高裁は、上告不受理決定を出し、納税者勝訴が確定しました。

このように、当事者が選択した法形式を、課税庁において法律の根

拠なしに異なる法形式に引き直して課税処分をすることが違法と評価
される場合があります。

## ⑸ ステレオタイプ解釈の禁止

　租税法における固有概念は、「社会生活上又は経済生活上の行為や
事実を、他の法分野の規定を通ずることなしに、直接に租税法規の中
にとりこんでいる場合であるから、その意味内容は、法規の趣旨・目
的に照らして租税法独自の見地から決めるべきである。たとえば、所
得という概念は、固有概念の1つであるが、それは経済上の利得を意
味するから、ある利得が所得であるかどうかは、その利得の原因をな
す行為や事実の法的評価をはなれて、実現した経済的成果に即して判
定すべきである」とされています[10]。

　しかし、課税庁が、このような実質判断をすることなく、ステレオ
タイプ的な法解釈をした上で課税処分をすることがあり、その場合に
は、課税処分が違法となる場合があります。

　最高裁平成13年7月13日判決・百選第6版20事件は、りんご生産
等を行うことを目的とするA組合の組合員である納税者Xは、専従者
として管理者の指示に従いつつ作業に従事し、A組合から平成3年分
につき約166万円、平成4年分につき約132万円、平成5年分につき
148万円を受け取りました。納税者Xは、これらを給与所得にかかる
収入として修正申告をしました。

　これに対し、課税庁は、当該収入は、事業所得にかかる収入である
として更正および過少申告加算税賦課決定処分をしました。

　第一審は納税者勝訴。第二審は、組合から組合員の立場で受け取る
収入は、名目にかかわらず事業所得であるとしてステレオタイプ的解
釈をしました。

---

10　金子宏『租税法〈第23版〉』(弘文堂) 129頁

最高裁は、「民法上の組合の組合員が組合の事業に従事したことにつき組合から金員の支払を受けた場合、当該支払が組合の事業から生じた利益の分配に該当するのか、所得税法28条1項の給与所得に係る給与等の支払に該当するのかは、当該支払の原因となった法律関係についての組合及び組合員の意思ないし認識、当該労務の提供や支払の具体的態様等を考察して客観的、実質的に判断すべきものであって、組合員に対する金員の支払であるからといって当該支払が当然に利益の分配に該当することになるものではない」として、ステレオタイプ的解釈ではなく、実質判断をすべきであるとした上で、「上告人ら専従者が一般作業員とは異なり組合員の中から本件組合の総会において選任され、りんご生産作業においては管理者と一般作業員との間にあって管理者を補助する立場にあったことや、本件組合の設立当初においては責任出役義務制が採られていたことなどを考慮しても、上告人が本件組合から労務費として支払を受けた本件収入をもって労務出資をした組合員に対する組合の利益の分配であるとみるのは困難というほかなく、本件収入に係る所得は給与所得に該当すると解するのが相当である」として、給与所得と判断し、納税者勝訴の判決をしました。

## (6)　通達に対する法律の優越性

　国税庁長官は、多数の通達を発出しています。通達は、上級行政庁が下級行政庁に対して発出するもので、行政内部の機関や職員に対する関係で拘束力を有する行政規則です。

　通達は、あくまで行政内部において拘束力を有するのみであり、国民に対して拘束力を有するものではありません。しかし、課税庁職員は、通達に基づいて判断し、職務を執行しますので、実務上はとても重要な意義を有しています。ところが、通達は常に法律上正しい解釈がされているとは限らず、納税者が反対証拠を提出し、通達の内容よ

第**Ⅳ**章　納税者勝訴判決に見る課税庁の判断の誤り

り更に法令の趣旨に沿った計算であるとして争う場合があり、納税者の証拠の方が通達の内容より法令の趣旨に沿った計算である場合には、課税庁の処分は違法となる場合があります。これは、通達は国民を拘束するものではないからです。

名古屋地裁平成16年8月30日判決・百選第6版80事件は、納税者Xの父親の相続が開始したので、Xが相続財産である土地を時価評価して相続税の申告をしたところ、課税庁が、相続財産中の一部の土地を相続税財産評価基本通達に基づき評価して、更正および過少申告加算税賦課決定をした事案です。

裁判所は、「本件評価通達は、国税庁長官によって発出された通達であって、法形式上は行政内部の機関や職員に対する関係で拘束力を有する行政規則（国家行政組織法14条2項）にすぎず、国民に対して効力を有する法令としての性質を有するものではない（最高裁昭和38年12月24日第三小法廷判決・民集70号513頁参照）。

もっとも、大量・反復して発生する課税事務を迅速かつ適正に処理するためには、あらかじめ法令の解釈や事務処理上の指針を明らかにし、納税者に対して申告内容を確定する便宜を与えるとともに、各課税庁における事務処理を統一することが望ましいと考えられるから、通達に基づく課税行政が積極的な意義を有することは否定し難く、したがって、通達の内容が法令の趣旨に沿った合理的なものである限り、これに従った課税庁の処分は、一応適法なものであるとの推定を受けるであろうし、逆に、課税庁が、特段の事情がないにもかかわらず、通達に基づくことなく納税者に対して不利益な課税処分を行った場合には、当該処分は、租税法の基本原理の一つである公平負担の原則に反するものとして違法となり得るというべきである。

しかしながら、通達の意義は以上に尽きるものであり、納税者が反対証拠を提出して通達に基づく課税処分の適法性を争うことは何ら妨げられないというべきであり、その場合には、通達の内容の合理性と

当該証拠のそれとを比較考量して、どちらがより法令の趣旨に沿ったものであるかを判断して決すべきものである。そして、本件で問題となっている法22条の「時価」は、不特定多数の者の間において通常成立すべき客観的な交換価値を意味するから、通達評価額が、この意味における「時価」を上回らない場合には、適法であることはいうまでもないが、他の証拠によって上記「時価」を上回ると判断された場合には、これを採用した課税処分は違法となるというべきである（固定資産税について定めた地方税法341条5号の「適正な時価」に関する最高裁平成15年6月26日第一小法廷判決・民集57巻6号723頁参照）。」として通達の国民への拘束力を否定しました。

　その上で、「本件評価通達は、宅地（市街化地域内）価額の評価が路線価方式によって行われるべきことを定めている」「この路線価方式は、上記の概要から容易に看取できるとおり、標準的な宅地の1単位当たりの価額を不動産鑑定的手法を用いて評定し、これを当該路線に面する他の宅地にも適用するとともに、通常その価格形成に影響すると考えられる定型的な要因についてあらかじめ定められた補正（加算）率によって修正するものであり、いわば、簡易な不動産鑑定と定型的補正とを組み合せた方式と評価することができる」「不動産鑑定は、一般的には客観的な根拠を有するものとして扱われるべきであり、その結果が上記の通達評価額を下回るときは、前者が「時価」に当たると判断すべきことは当然である」として、路線価方式ではなく、不動産鑑定による結果が「時価」であるとして、複数の不動産鑑定を比較検討した上で時価を判断し、納税者勝訴の判決をしました。

　したがって、通達に依拠した更正等が行われた場合でも、さらに法令の趣旨に沿った計算方法がある場合には、反対証拠を提出して課税処分の適法性を争うことを検討すべきことになります。

第**Ⅳ**章 納税者勝訴判決に見る課税庁の判断の誤り

## **2** 事実認定で処分が違法とされた裁判例

### (1) 立証責任

　課税要件事実に関する立証責任については、「所得の存在及びその金額について決定庁が立証責任を負うことはいうまでもないところである」(最高裁昭和38年3月3日判決・訟月9巻5号668頁) とされており、課税庁に立証責任があるのが原則です。

　したがって、課税庁は税務調査によって事実を調査し、証拠を収集し、課税処分をする場合には、後日処分取消訴訟などで争われたとしても、立証に成功すると判断することが必要となります。この判断を誤り、後日の処分取消訴訟等で立証に失敗した場合には、課税処分が違法となります。

　東京高裁平成15年1月29日判決のアルゼ事件は、納税者Xが、A社からパチスロ機のメイン基板合計6万6,455枚を1枚当たり1万4,000円で購入し、これらをB社に対し1枚当たり8万円で販売する取引をして43億8,603万円の売買利益を得ていたにもかかわらず、米国法人C社がこの取引をしていたかのように仮装し、同取引によって得た所得等を申告しなかったとして、消費税及び地方消費税について、それぞれ更正処分及び重加算税賦課決定処分をした事案です。

　課税庁は、本件各取引が、売買契約の内心的効果意思のない通謀虚偽の意思表示によるものである無効であるにもかかわらず、取引があるように仮装したものである、と主張しました。

　しかし、裁判所は、各種証拠を検討した上で、本件各取引が、「いずれも通謀虚偽の意思表示によるものであって、被控訴人が明立から明立基板を購入しこれをECJに販売したものであると認めることはできず、他に、これを認めることができる的確な証拠はない。」として、納税者勝訴判決をしました。

72

本裁判例では、裁判所が、重加算税の課税要件事実の主張立証責任が国にあることを前提とした上で、重加算税の課税要件事実の立証が成功しなかったとして、立証責任により国敗訴判決をしたものと理解しています。

また、主張立証責任が問題となった事例に、東京高裁平成27年3月25日判決・判時2267号24頁のIBM事件があります。上告審は上告不受理決定です。

この事案は、日本IBMの全株式を保有していた納税者Xが、自己の保有する日本IBMの株式を日本IBMに譲渡した上で、Xと日本IBMが連結納税制度の適用を選択しました。株式譲渡によりXには約4,000億円の損失が発生していたことから、当時の法制度によると、日本IBMが国内で事業活動を行うことによる所得が何年にもわたり繰越欠損金と相殺されて、課税されない状態が続くことになりました。そこで、課税庁は、法人税法132条の同族会社の行為計算否認規定を適用して、課税処分を行ったというものです。

法人税法132条は、「税務署長は、次に掲げる法人に係る法人税につき更正又は決定をする場合において、その法人の行為又は計算で、これを容認した場合には法人税の負担を不当に減少させる結果となると認められるものがあるときは、その行為又は計算にかかわらず、税務署長の認めるところにより、その法人に係る法人税の課税標準若しくは欠損金額又は法人税の額を計算することができる。」と規定しています。本件では、一連の行為が、「これを容認した場合には法人税の負担を不当に減少させる結果となる」に該当するかどうかが争われたものです。

裁判所は、「これを容認した場合には法人税の負担を不当に減少させる結果となる」かどうかの判断基準として、「法人税法132条1項の趣旨に照らせば、同族会社の行為又は計算が、同項にいう『これを容認した場合には法人税の負担を不当に減少させる結果となると認め

られるもの』か否かは、専ら経済的、実質的見地において当該行為又は計算が純粋経済人として不合理、不自然なものと認められるか否かという客観的、合理的基準に従って判断すべきものと解される〔最高裁昭和53年4月21日第二小法廷判決・訟月24巻8号1694頁（最高裁昭和53年判決）、最高裁昭和59年10月25日第一小法廷判決・民集143号75頁参照〕」と規範を定立しました。

　その上で、本件一連の行為が、独立当事者間の通常の取引と異なるものであり、経済的合理性を欠くとの国の主張について、「本件各譲渡が、本件税額圧縮……の実現のため、被控訴人の中間持株会社化……と一体的に行われたという控訴人の主張は、本件全証拠によっても認めることができないというほかない」と判示し、また、本件一連の行為が、全体として独立当事者間の通常の取引と異なるものであり、経済的合理性を欠くとの国の主張について、「そもそも、控訴人は、本件各譲渡が独立当事者間の通常の取引と異なると主張しているのにもかかわらず、独立当事者間の通常の取引であれば、どのような譲渡価額で各譲渡がされたはずであるのかについて、何ら具体的な主張立証をしていない」として、主張立証責任を理由に納税者勝訴の判決をしました。

　したがって、税務調査段階においても、課税要件事実は課税庁に主張立証責任があることを明確にし、課税庁が主張する証拠関係によって、課税要件事実の立証が証明度に達しているかどうかを吟味することが大切です。

## ⑵　社会通念

　事実認定は、社会通念に従って行いますが、社会通念によって事実認定をすることにより、納税者勝訴の判決をしたものに、最高裁平成16年12月24日判決・判時1883号31頁、百選第6版55事件）の興銀事件があります。

この事案は、金融機関である納税者Xが母体行となって設立された住宅金融専門会社Aがバブル経済の崩壊により財務内容が悪化しました。そこで、Aの母体行5社がAを整理する方針を立て、最終的には債権を放棄して、法人税の計算にあたって、当該債権放棄を法人税法22条3項にいう「当該事業年度の損失の額」として損金の額に算入して法人税の確定申告をしました。

課税庁は、上記損金算入を否認して、更正および過少申告加算税賦課決定処分をしました。

第一審は、債権の全額が回収不能か否かについて「合理的な経済活動に関する社会通念に照らして判断するのが相当である」とした上で、「少なくとも、平成8年3月末までの間に、Xは、本件債権を回収することが事実上不可能になっていた」と判示し、納税者勝訴判決をしました。

これに対し、国が控訴したところ、控訴審は、「平成8年3月末時点において、本件債権が全額回収不能であったとはいえないことは明らかである」として、納税者敗訴判決をしました。これに対し、納税者が上告しました。

最高裁は、「法人の各事業年度の所得の金額の計算において、金銭債権の貸倒損失を法人税法22条3項3号にいう「当該事業年度の損失の額」として当該事業年度の損金の額に算入するためには、当該金銭債権の全額が回収不能であることを要すると解される。そして、その全額が回収不能であることは客観的に明らかでなければならないが、そのことは、債務者の資産状況、支払能力等の債務者側の事情のみならず、債権回収に必要な労力、債権額と取立費用との比較衡量、債権回収を強行することによって生ずる他の債権者とのあつれきなどによる経営的損失等といった債権者側の事情、経済的環境等も踏まえ、社会通念に従って総合的に判断されるべきものである」として社会通念によって事実認定をすべきことを確認した上で、「以上によれば、

第Ⅳ章　納税者勝訴判決に見る課税庁の判断の誤り

（X）が本件債権について非母体金融機関に対して債権額に応じた損失の平等負担を主張することは、それが前記債権譲渡担保契約に係る被担保債権に含まれているかどうかを問わず、平成8年3月末までの間に社会通念上不可能となっており、当時の（A）の資産等の状況からすると、本件債権の全額が回収不能であることは客観的に明らかとなっていたというべきである。……したがって、本件債権相当額は本件事業年度の損失の額として損金の額に算入されるべきであ」ると判示して、納税者勝訴判決をしました。

　社会通念による判断が控訴審と上告審で分かれた裁判例です。

　また、東京地裁平成23年8月9日判決・判時2145号17頁、控訴審東京高裁平成24年9月19日判決・判時2170号20頁の弁護士会役員必要経費事件も、社会通念による事実認定が問題となった事件です。

　この事案は、仙台弁護士会、日本弁護士連合会等の役員等であった弁護士の納税者Xが、弁護士会等の役員等として出席した懇親会、二次会等の費用、弁護士会等の役員選挙に立候補した際の活動に要した費用、日弁連事務次長の親族の逝去に伴う香典等について、必要経費に算入した上で所得税の確定申告をしました。これに対し、課税庁は、必要経費に当たらないとして、更正および過少申告加算税賦課決定処分をしたものです。

　地裁は、「ある支出が事業所得の金額の計算上必要経費として控除されるためには、当該支出が所得を生ずべき事業と直接関係し、かつ当該業務の遂行上必要であることを要すると解するのが相当である。そして、その判断は、単に事業主の主観的判断によるのではなく、当該事業の業務内容等個別具体的な諸事情に即して社会通念に従って客観的に行われるべきである」として、社会通念に従って判断することを判示しました。

　その上で、所属弁護士会等又は他の弁護士会等の公式行事後に開催される懇親会等や弁護士会等の業務に関係する他の団体との協議会の

後に開催される懇親会等に出席する場合であって、かつ、その費用の額が過大であるとは言えないときは、社会通念上、支出が所得を生ずべき事業と直接関係し、かつ当該業務の遂行上必要であるとして必要経費該当性を認めました。

また、弁護士会等の役員等が、所属弁護士会等の機関である会議体の会議後に、その構成員に参加を呼びかけて催される懇親会等や弁護士会等の執行部の一員として、その職員や、会務の執行に必要な事務処理をすることを目的とする委員会委員に参加を呼びかけて催される懇親会等に出席することは、①これらの懇親会等が特定の集団の円滑な運営に資するものとして社会一般でも行われている行事に相当するものであって、かつ、②その費用の額が過大であるとはいえないときは、社会通念上、支出が所得を生ずべき事業と直接関係し、かつ当該業務の遂行上必要であるとして、必要経費に該当するとしました。

なお、高裁では、必要経費性の基準について「直接関係性」を否定し、「原告の事業所得を生ずべき業務と直接関係し、かつその業務の遂行上必要であること」を「控訴人の事業所得を生ずべき業務の遂行上必要であること」と改められています。

# 3 法適用（当てはめ）で処分が違法とされた裁判例

法を適切に解釈し、事実を適切に認定しても、法規範に事実を認定する当てはめが違法となる場合があります。

課税庁が法適用を誤った裁判例として、最高裁平成27年6月12日判決・民集69巻4号1121頁の航空機リース事件があります。

この事件は、匿名組合の匿名組合員であるAが、匿名組合にかかる営業として行われた航空機リース事業に関する損失のうち、Aの出資割合相当額を不動産所得の損失であるとして、平成15年分ないし平成17年分の所得税確定申告をしたところ、課税庁が、不動産所得の

第 **Ⅳ** 章　納税者勝訴判決に見る課税庁の判断の誤り

損失を否認し、更正および過少申告加算税賦課決定処分をした、という事案です。その後、納税者XがAから訴訟を承継しました。

　争点は、2点あります。

　1点目は、当該損失が不動産所得の損失に該当するか、雑所得の損失に該当するか、という点です。2点目は、本件で、不動産所得の損失であるとして所得税確定申告を行った行為が、過少申告加算税を定める国税通則法65条4項にいう「正当な理由」に該当するかどうか、という点です。

　1点目について、裁判所は、「匿名組合契約に基づき匿名組合員が営業者から受ける利益の分配に係る所得は、当該契約において、匿名組合員に営業者の営む事業に係る重要な意思決定に関与するなどの権限が付与されており、匿名組合員が実質的に営業者と共同して事業を営む者としての地位を有するものと認められる場合には、当該事業の内容に従って事業所得又はその他の各種所得に該当し、それ以外の場合には、当該事業の内容にかかわらず、その出資が匿名組合員自身の事業として行われているため事業所得となる場合を除き、雑所得に該当するものと解するのが相当である」として、国の主張を認めました。

　しかし、2点目については、「少なくとも平成17年通達改正により課税庁の公的見解が変更されるまでの間は、納税者において、旧通達に従って、匿名組合契約に基づき匿名組合員が営業者から受ける利益の分配につき、これが貸金の利子と同視し得るものでない限りその所得区分の判断は営業者の営む事業の内容に従ってされるべきものと解して所得税の申告をしたとしても、それは当時の課税庁の公的見解に依拠した申告であるということができ、それをもって納税者の主観的な事情に基づく単なる法律解釈の誤りにすぎないものということはできない。そして、本件匿名組合契約に基づきAが本件営業者から受ける利益の分配につき、前記2⑶①（編注：省略）のような貸金の利子と同視し得るものと認めるべき事情はうかがわれず、本件リース事業

につき生じた損失のうち本件匿名組合契約に基づくＡへの損失の分配
として計上された金額は、旧通達によれば、本件リース事業の内容に
従い不動産所得に係る損失に該当するとされるものであったといえ
る。

　以上のような事情の下においては、本件各申告のうち平成17年通
達改正の前に旧通達に従ってされた平成15年分及び同16年分の各申
告において、Ａが、本件リース事業につき生じた損失のうち本件匿名
組合契約に基づく同人への損失の分配として計上された金額を不動産
所得に係る損失に該当するものとして申告し、他の各種所得との損益
通算により上記の金額を税額の計算の基礎としていなかったことにつ
いて、真にＡの責めに帰することのできない客観的な事情があり、過
少申告加算税の趣旨に照らしてもなお同人に過少申告加算税を賦課す
ることは不当又は酷になるというのが相当であるから、国税通則法
65条4項にいう「正当な理由」があるものというべきである」と判
示して、納税者の主張を認めました。

　また、個人である納税者が、ストック・オプションの権利行使益を
一時所得であるとして所得税の確定申告をしたのに対し、玉川税務署
長が、ストック・オプションの権利行使益が一時所得でなく給与所得
に当たるとして過少申告加算税の更正及び賦課決定処分を行った最高
裁平成18年10月24日判決（TAINS　Z256-10538）があります。

　この事案では、納税者がストック・オプションの権利行使益を一時
所得であるとして所得税の確定申告をしたことが、国税通則法65条
4項（過少申告加算税）の「正当な理由があると認められる」場合に
あたるかどうかが争われました。

　この点について、最高裁は、「外国法人である親会社から日本法人
である子会社の従業員等に付与されたストック・オプションに係る課
税上の取扱いに関しては、現在に至るまで法令上特別の定めは置かれ
ていないところ、課税庁においては、上記ストック・オプションの権

第 **IV** 章　納税者勝訴判決に見る課税庁の判断の誤り

利行使益の所得税法上の所得区分に関して、かつてはこれを一時所得として取り扱う例が多かったが、平成10年ころから、その取扱いを変更し、給与所得として統一的に取り扱うようになったものである。この所得区分に関する所得税法の解釈問題については、一時所得とする見解にも相応の論拠があり、最高裁平成16年（行ヒ）第141号・同17年1月25日第三小法廷判決・民集59巻1号64頁によってこれを給与所得とする当審の判断が示されるまでは、下級審の裁判例においてその判断が分かれていたのである。このような問題について、課税庁が従来の取扱いを変更しようとする場合には、法令の改正によることが望ましく、仮に法令の改正によらないとしても、通達を発するなどして変更後の取扱いを納税者に周知させ、これが定着するよう必要な措置を講ずべきものである。ところが、前記事実関係等によれば、課税庁は、上記のとおり課税上の取扱いを変更したにもかかわらず、その変更をした時点では通達によりこれを明示することなく、平成14年6月の所得税基本通達の改正によって初めて変更後の取扱いを通達に明記したというのである。そうであるとすれば、少なくともそれまでの間は、納税者において、外国法人である親会社から日本法人である子会社の従業員等に付与されたストック・オプションの権利行使益が一時所得に当たるものと解し、その見解に従って上記権利行使益を一時所得として申告したとしても、それには無理からぬ面があり、それをもって納税者の主観的な事情に基づく単なる法律解釈の誤りにすぎないものということはできない。

　以上のような事情の下においては、平成11年分の所得税の修正申告において、上告人が本件権利行使益を一時所得として申告し、本件権利行使益が給与所得に当たるものとしては税額の計算の基礎とされていなかったことについて、真に上告人の責めに帰することのできない客観的な事情があり、過少申告加算税の趣旨に照らしてもなお上告人に過少申告加算税を賦課することは不当又は酷になるというのが相

当であるから、国税通則法65条4項にいう「正当な理由」があるものというべきである。そうすると、本件賦課決定は違法であることになる。」と判示し、納税者勝訴の判決をしました。

これら判例では、法解釈と事実認定が正しく行われても、当該事案にそれを適用することが違法になる場合がある、ということで、法適用の誤りを指摘したものと理解することができます。

## 4 信義則・裁量権の逸脱・濫用により処分が違法とされた裁判例

私法分野で発展した法理として、「信義則の法理」があります。信義則は民法1条2項の「権利の行使及び義務の履行は、信義に従い誠実に行わなければならない」と規定されている原則であり、人は、社会共同生活の一員として、一定の状況の下において相手方の合理的な期待や信頼を裏切らないように信義誠実に行動すべき、という原理です。この信義則の法理が、公法である租税法分野に適用があるかどうかについては争いがありますが、最高裁昭和62年10月30日判決・民集152号93頁は、「租税法規に適合する課税処分について、法の一般原理である信義則の法理の適用により、右課税処分を違法なものとして取り消すことができる場合があるとしても、法律による行政の原理なかんずく租税法律主義の原則が貫かれるべき租税法律関係においては、右法理の適用については慎重でなければならず、租税法規の適用における納税者間の平等、公平という要請を犠牲にしてもなお当該課税処分に係る課税を免れしめて納税者の信頼を保護しなければ正義に反するといえるような特別の事情が存する場合に、初めて右法理の適用の是非を考えるべきものである。そして、右特別の事情が存するかどうかの判断に当たっては、少なくとも、税務官庁が納税者に対し信頼の対象となる公的見解を表示したことにより、納税者がその表示

を信頼しその信頼に基づいて行動したところ、のちに右表示に反する課税処分が行われ、そのために納税者が経済的不利益を受けることになったものであるかどうか、また、納税者が税務官庁の右表示を信頼しその信頼に基づいて行動したことについて納税者の責めに帰すべき事由がないかどうかという点の考慮は不可欠のものであるといわなければならない」として、一定の場合に適用の余地があることを示しています。

　また、法適用が課税庁の裁量に委ねられている場合であっても、それは自由な裁量に委ねられているものではなく、信義則・裁量権の逸脱濫用は許されるものではありません。

　したがって、法解釈、事実認定、法適用のいずれもが正しいとしても、事案によっては、行政処分をすることが信義則に反し、又は課税庁の裁量権を逸脱したものと評価され、違法となる場合があります。その場合には、行政処分が取り消されることになります。

　横浜地裁平成17年6月22日判決・税資255号順号10060頁の事案は、納税者Xが、青色申告の承認を受けて、平成10年分ないし平成12年分の所得税の確定申告を行ったところ、課税庁が、青色申告に係る帳簿書類の備付け、記録又は保存が、所得税法148条1項の規定に従って行われていないことを理由として、平成10年分以降の青色申告の承認を取り消す旨の処分をするとともに、Xの平成10年分ないし平成12年分の所得税に係る各更正および過少申告加算税賦課決定処分を行ったというものです。Xは、更正および過少申告加算税賦課決定処分については不服申立手続を取りませんでしたが、青色申告の承認を取り消す旨の処分について、処分取消訴訟を提起しました。

　裁判所は、「青色申告の承認を取り消すかどうかは、基本的には税務署長の合目的的かつ合理的な裁量に委ねられているということができるが、その裁量権の行使は、上記青色申告制度の趣旨及び青色申告承認取消しの意義に照らし、かつ、実際上、個人として事業所得等を

生ずべき業務を行う納税者の帳簿書類の備付け、記録及び保存の水準は、その業種、業態、経営規模等が反映した一定の限界を有するものとならざるを得ないことにかんがみれば、当該納税者に係る具体的な同項各号該当事由の内容、程度、更にはその者の納税申告に係る信頼性の破壊の程度等を総合的に考慮して、それが真に青色申告による納税申告を維持させるにふさわしくない内容、程度に達しているものといえるかどうかという観点からこれを判断すべきものということができる」として、青色申告の承認の取消処分は、基本的に税務署長の合目的的かつ合理的な裁量に委ねられている、としました。

　しかし、「青色申告制度の趣旨及び青色申告承認の取消しの意義に適合しない目的や動機に基づいて青色申告承認取消処分がされたり、裁量権の行使が、考慮すべき事項を考慮せず、考慮すべきでない事項を考慮してされたために、その判断が上記の観点から合目的的かつ合理的なものとして許容される限度を超え、著しく不当である場合には、その青色申告取消処分は、税務署長に委ねられた裁量権の範囲を逸脱し、又はその濫用があったものとして、違法となるものと解すべきである」として、一定の場合には、信義則・裁量権の逸脱、濫用として、処分が違法となる場合があることを判示しました。

　その上で、各事実認定をして、記録の不備等が認められるとはいえ、「本件青色申告承認取消処分については、原告に係る帳簿書類の備付け、記録の不備が、原告の業種、業態、経営規模等を考慮してもなお、真に青色申告による納税申告を維持させるにふさわしくない内容、程度に達しているとの点についての被告の的確な主張・立証がないばかりでなく、被告において、少なくとも、考慮すべき事項を考慮せず、考慮すべきでない事項を考慮して裁量権の行使をしたものと認められ、その判断は合目的的かつ合理的なものとして許容される限度を超え、著しく不当なものであるというべきであるから、被告に委ねられた裁量権の範囲を逸脱し、又はその濫用があったものとして、本

第Ⅳ章　納税者勝訴判決に見る課税庁の判断の誤り

件青色申告承認取消処分は違法であるというほかはない」として、納税者勝訴の判決をしました。

## 5　手続違背が違法とされた裁判例

　法解釈、事実認定、法適用はそれぞれ正しくなされたとしても、税務調査の手続自体に違法性がある場合には、更正などの処分の取消原因にならないとしても、税務調査が違法となり、国家賠償請求の対象となる場合があります。このような場合には、違法に収集された証拠に基づく更正等が行われる場合には、誤った更正等につながる可能性がありますので、税務調査の適法性自体にも注意する必要があります。

　最高裁昭和63年12月20日判決・税資166号963頁（TAINS Z166-6221）は、租税職員が税務調査のため店舗に臨場し、納税者Xの不在を確認する目的で、納税者の意思に反して店舗内の内扉の止め金を外して作業所の入口付近まで立ち入った行為は、所得税法234条（当該職員の質問検査権）1項に基づく質問検査権の範囲内の正当な行為とはいえず、国家賠償法1条1項（公権力の行使に基づく損害の賠償責任）に該当するとして、Xから損害賠償請求がされた事件です。

　裁判所は、「原判示の国税調査官が税務調査のため本件店舗に臨場し、被上告人の不在を確認する目的で、被上告人の意思に反して同店舗内の内扉の止め金を外して（第一審判決の別紙図面6）地点の辺りまで立ち入った行為は、所得税法234条1項に基づく質問検査権の範囲内の正当な行為とはいえず（最高裁昭和45年（行あ）第2339号・同48年7月10日第3小法廷決定・刑集27巻7号1205頁参照）、国家賠償法1条1項に該当するとした原審の判断は、正当として是認することができ」る、としました。

　原審である大阪高裁昭和59年11月29日（TAINS　Z140-5439）

は、ほぼ一審の判断を是認しています。一審の京都地裁昭和59年3月22日判決（TAINS　Z135-5316）は、「Aが、4月28日午後1時30分ころ、本件店舗の内扉の止めがねを外して……の辺りまで侵入したのは原告の不在を確認する目的であつたといえるが、そうだからといつて、Aのこの行為が正当であるとすることは無理である。Aとしては、何も止めがねを外してまで奥に入る必要はなく、表で待つとか、内扉の西側で大声を出して呼ぶとかする方法があったし、内扉の小窓から作業場をのぞき込むこともできた。まして、Bが原告の不在を告げ自分も外出して行くのを目撃したのであるから、本件店舗の作業場が無人であつたことは、電気が消えていることやその気配で判りえた筈であつた」として、質問検査権の範囲内の正当な行為とは言えない、と判示しました。

　大阪高裁平成10年3月19日判決・税資231号109頁（TAINS　Z231-8116）は、租税職員が、税務調査において、納税者X不在時に、Xの母や姉の承諾を得ないで、店舗部分とは区分された居住部分である2階へ上がった行為、その場にいたXの妻の承諾を得ずにレジを置いた机の引出し、レジ付近の屑入れ及びレジの横の陳列篭の上に置いてあった大学ノートの検査を行った行為、Xの従業員に対して同女の所持していたバッグの検査を要求し、それを同女が繰り返し拒否したのを押し切って、半ば強引にバッグを取って中を開け、在中物を調べた行為が、違法な質問検査権の行使であるとして、国家賠償請求された事案です。

　裁判所は、まず、質問検査権につき、「税務職員による質問検査権の行使は任意調査の一種であると解すべきことは前示のとおりであるから、その行使に際しては相手方の承諾を要するものであるところ、その承諾は必ずしも明示の承諾に限られるものではなく、場合によっては黙示の承諾も許されるものと解するのが相当である。ただし、質問検査権行使の相手方が、納税義務者本人ではなく、納税義務者本人

の業務に従事する家族、従業員等である場合には、右質問検査権の行使が納税義務者本人の承諾が得られないことを回避する手段、目的でなされることのないよう特別の配慮をすることが望ましく、したがって、納税義務者本人の事前の承諾が得られていない場合における納税義務者本人の業務に従事する家族、従業員等による黙示の承諾の有無については、その具体的状況を勘案したうえで、慎重に判断する必要がある」と判示します。

　その上で、上記各行為について、店舗部分とは区分された居住部分である2階へ上がった租税職員の行為自体は、質問検査に応じるよう説得を続けるための立入りであって質問検査権の行使そのものとはいえないとしても、居住者の拒絶の意思に反してその居住部分に立ち入ることが許されないことは明かであるから、租税職員が納税者の母や姉の承諾を得ないで2階へ上がった行為は、社会通念上の相当性を逸脱した違法な行為であるとし、レジを置いた机の引出し、レジ付近の屑入れ及びレジの横の陳列篭の上に置いてあった大学ノートの検査を行った行為が、その場にいなかった納税者の承諾はもとより、そこにいた納税者の妻の承諾を得ていないでなされた質問検査権の行使として違法なものとし、納税者の従業員のバッグを点検した行為は、課税庁係官が納税者の従業員に対して同女の所持していたバッグの検査を要求し、それを同女が繰り返し拒否したのを押し切って、半ば強引にバッグを取って中を開け、在中物を調べたというものであって、その行為の態様だけをみても、同女の承諾のないままに行われたものと認められるものである上、女性のバッグの内容物、特に手帳の中身などは、一般に他者には知られたくないもので、プライバシー保護の要請が特に強いものであるから、課税庁係官の右行為は、社会通念上の相当性を欠くものであり、違法な質問検査権の行使であるとして、国に対し、損害賠償を命じました。

## 6 錯誤を理由に処分が違法とされた裁判例

　民法95条は、「意思表示は、法律行為の要素に錯誤があったときは、無効とする。」と規定しています。この錯誤の主張を税務申告に適用できるか、という問題があります。

　この点、申告書の記載内容に関する錯誤がある場合、については、最高裁昭和39年10月22日判決は、「所得税確定申告書の記載内容についての錯誤の主張は、その錯誤が客観的に明白かつ重大であって、所得税法の定めた過誤是正以外の方法による是正を許さないとすれば納税義務者の利益を著しく害すると認められる特段の事情がある場合でなければ許されない」としています。

　京都地裁昭和45年4月1日判決（TAINS　Z059-2551）は、合併会社が被合併会社の株主に対する利益の配当として被合併会社の株主に交付する金銭が清算所得に含まれないとの見解の下に、合併会社も被合併会社も申告納税した後、右金銭は法人の清算所得に含まれるとの国税局職員の指導により、合併会社が錯誤に陥り、右金銭を清算所得として記載した法人税確定申告書を提出したところ、課税庁から、更正および過少申告加算税の賦課決定処分をされた事案です。

　この事案について、裁判所は、上記最高裁の見解を前提として、「合併会社が、『被合併会社の株主に対する利益の配当として被合併会社の株主に交付する金銭は、法人の清算所得に含まれず、配当所得として株主の段階で所得税を課されるべきものである。』という正当な見解の下に、右金銭を、利益配当に対する源泉所得税を控除の上、被合併会社の株主に支払い、右源泉徴収した所得税を税務署に納付し、合併会社の現代表者A個人も被合併会社の株主として支払を受けた右金銭を配当所得として、所得税確定申告をした後、『右金銭は法人の清算所得に含まれる。』という誤った見解に立つ国税局係官の強い申告

第**Ⅳ**章　納税者勝訴判決に見る課税庁の判断の誤り

指導があったため、合併会社が、錯誤におちいり、右金銭を清算所得として記載した法人税確定申告書を提出した場合、確定申告書の記載内容の錯誤が客観的に明白且つ重大であって、法定の方法以外にその是正を許さないならば、納税義務者の利益を著しく害すると認められる特段の事情がある場合に該当すると解するのが相当である」として、更正および過少申告加算税の賦課決定処分を取り消して納税者勝訴の判決をしました。

　また、東京地裁平成21年2月27日判決（TAINS　Z259-11151）は、被相続人の妻が取得する本件同族会社の株式の価額につき、配当還元方式による評価を前提として第一次遺産分割をし、相続税の申告をした後に、配当還元方式の適用を受けられず、類似業種比準方式による高額の租税負担となることが確認されたため、配当還元方式の適用を受けられるように各相続人が取得する株式数を調整した上で新たな遺産分割の合意に基づき、更正の請求期間内に原告らが更正の請求又は修正申告をした事案です。

　裁判所は、「申告納税制度の趣旨・構造及び税法上の信義則に照らすと、申告者は、法定申告期限後は、課税庁に対し、原則として、課税負担又はその前提事項の錯誤を理由として当該遺産分割が無効であることを主張することはできず、例外的にその主張が許されるのは、分割内容自体の錯誤との権衡等にも照らし、①申告者が、更正請求期間内に、かつ、課税庁の調査時の指摘、修正申告の勧奨、更正処分等を受ける前に、自ら誤信に気付いて、更正の請求をし、②更正請求期間内に、新たな遺産分割の合意による分割内容の変更をして、当初の遺産分割の経済的成果を完全に消失させており、かつ、③その分割内容の変更がやむを得ない事情により誤信の内容を是正する一回的なものであると認められる場合のように、更正請求期間内にされた更正の請求においてその主張を認めても上記の弊害が生ずるおそれがなく、申告納税制度の趣旨・構造及び租税法上の信義則に反するとはいえな

いと認めるべき特段の事情がある場合に限られるものと解するのが相当である」とした上で、本件では、これらの要件にあてはまるとして、納税者の主張を認めました。

このように、租税職員の違法な指導があり、それに基づき誤った税務申告をした場合や、一旦行った税務申告に錯誤があったような場合には、錯誤の主張を検討することが必要となります。

# 7 理由附記が違法とされた裁判例

税務調査の結果、課税庁が更正をする場合、納税者が青色申告承認を受けているときは、更正通知書に、更正の理由を附記しなければならないこととされています（所得税法155条2項、法人税法130条2項）。白色申告に対する更正については、理由附記は不要と解されてきましたが、平成23年12月の国税通則法改正により、白色申告者に対する更正についても理由附記が求められることとなりました。

この規定に違反し、更正に理由附記をしない場合や理由附記に不備がある場合には、処分が違法となり、処分取消の対象となります。

大阪高裁平成25年1月18日判決・判時2203号25頁は、財団法人である納税者が、税務調査を受けて、法人税について、更正および過少申告加算税賦課決定処分を受けた際、更正通知書に記載された理由が不備であるとして、処分取消訴訟を提起した事案です。

裁判所は、青色申告に係る法人税の更正に附記すべき理由の程度について、「法人税法130条2項は、青色申告に係る法人税について更正をする場合には、更正通知書にその更正の理由を附記すべきものとしている。これは、更正処分庁の判断の慎重、合理性を担保してその恣意を抑制するとともに、更正の理由を相手方に知らせて不服申立ての便宜を与える趣旨によるものと解される。そして、一般に法が行政処分に理由を附記すべきものとしている場合に、どの程度の記載をす

第Ⅳ章　納税者勝訴判決に見る課税庁の判断の誤り

べきかは、処分の性質と理由附記を命じた各法律の規定の趣旨・目的に照らして決定すべきである（最高裁昭和38年5月31日判決・民集17巻4号617頁）ところ、帳簿書類の記載を否認して更正をする場合においては、法人税法が青色申告制度を採用し、青色申告に係る所得の計算については、それが法定の帳簿組織による正当な記載に基づくものである以上、その帳簿の記載を無視して更正されることがないことを納税者に保障した趣旨に鑑み、単に更正に係る勘定科目とその金額を示すだけではなく、そのような更正をした根拠を帳簿記載以上に信憑力のある資料を摘示することによって具体的に明示することを要するものというべきである。他方、帳簿書類の記載自体を否認することなしに更正をする場合においては、その更正は納税者による帳簿の記載を覆すものではないから、そのような更正をした根拠について帳簿記載以上に信憑力のある資料を摘示することは要しないが、更正の根拠を、上記の更正処分庁の恣意抑制及び不服申立ての便宜という理由附記制度の制度目的を充足する程度に具体的に明示するものであることを要すると解され、更正処分庁が当該評価判断に至った過程を検証しうる程度に記載する必要があるというべきである（以上につき、最高裁昭和60年判決）。また、更正の理由附記は、単に納税者に更正の理由を示すに止まらず、更正の妥当公正を担保する趣旨をも含むものであるから、更正の理由を納税者が推知できる場合であっても、その理由を納税義務者が推知できると否とにかかわりがなく、附記すべき理由の程度が緩和されるものではないというべきである（最高裁昭和38年12月27日判決・民集17巻12号1871頁参照）」と判示しました。

　その上で、「本件各附記理由は、上記のとおり、収益事業の収入に該当すると認定した収入の金額については、各契約書に基づきその算定過程について具体的に記載するものであるが、法適用に関しては、『法人税法2条13号に規定する収益事業の収入に該当する』との結論

を記載するにとどまり、なぜ収益事業の収入に該当するのかについての法令等の適用関係や、何故そのように解釈するのかの判断過程についての記載が一切ない」「本件各附記理由には、法人税法施行令5条1項10号、同施行規則4条の3、実費弁償通達の各規定や、その適用関係についての判断過程の記載が一切ないことから、本件各附記理由の記載自体からは、処分行政庁が本件各更正処分をするに当たり、そうした法令等の適用関係やその判断過程を経ていることを検証することができない」と述べて、本件各附記理由は、法人税法130条の求める理由附記として不備があるものとして、納税者勝訴の判決をしました。

　このように、税務調査が終了し、更正等の処分がされたとしても、その更正通知書の理由を検討し、再調査の請求や審査請求を行うかどうかを検討することが必要となります。

# 8　再調査の請求

　再調査の請求は、更正等の処分を行った課税庁に対し、再調査を求め、誤った更正等の処分の是正を求めるものです。国税通則法75条以下に定められています。

　再調査の請求は、従来異議申立として行われてきた不服申立制度が、名称を変え、平成28年4月1日以後に行われる処分に関し、適用されることとなりました。

　再調査の請求は、税務署長の行った処分に関しては税務署長、国税局長の行った処分に関しては、国税局長に再調査の請求書を提出して行います。

　審理は、原則として書面審理ですが、再調査の請求人等から申立があった時は、当該申立をした者に口頭で意見を述べる機会を与えなければならないこととされています（国税通則法84条1項）。

第**Ⅳ**章　納税者勝訴判決に見る課税庁の判断の誤り

　再調査の請求は、処分があったことを知った日の翌日から起算して３ヶ月以内に行うことが必要です。そして、標準審理期間について、国税庁長官から、「不服申立てに係る標準審理期間の設定等について（事務運営指針）」が発出されており、３ヶ月を目安とする、とされています。

　再調査庁は、審理をした後、再調査請求が法定の期間経過後にされた場合その他不適法なときは、却下の決定をします。再調査の請求に理由がないときは、棄却の決定をします。再調査の請求に理由があるときは、原処分の全部又は一部を取消し、又は変更する決定をします。これらの決定は、主文及び理由を記載した再調査決定書によってすることとされています（以上、国税通則法83条、84条7項）。

　なお、再調査の請求に対しては、不利益変更をすることはできません。

　再調査の請求の審理は、次のように進行します。

```
①　再調査の請求書収受
        ↓
②　補正　→　却下
        ↓
③　口頭意見陳述
        ↓
④　証拠書類等の提出
        ↓
⑤　再調査決定
```

　再調査決定に不服がある場合には、再調査決定書の謄本の送達があった日の翌日から起算して１ヶ月以内に国税不服審判所に対し、審査請求を行うことができます。また、再調査の請求をした日の翌日から起算して３月を経過しても、再調査決定がない場合、または再調査の請求についての決定を経ないことにつき正当の理由がある場合には、再調査の決定を経ずに、審査請求をすることができます。

　再調査の請求に関する統計は、以下のとおりです。

| | 認容件数 | 認容率 |
|---|---|---|
| 平成28年度 | 123件 | 6.8% |
| 平成29年度 | 213件 | 12.3% |

(国税庁ホームページより)

※一部認容と全部認容を含む。

　これが高いと見るか、低いと見るかは人によって異なるとは思います が、再調査の請求により、一定の効果があることがわかります。また、標準審理期間が3ヶ月とされていることから、迅速な不服申立制度とも言えるでしょう。ちなみに、審査請求については、標準審理期間は、1年とされています。

　さらに、国税庁課税部から平成21年10月5日に発出された全国国税局課税（第一・第二）部長（次長）会議資料を見ると、「異議申立てについては、納税者の正当な権利利益の救済を図るとともに行政の適正な運営を確保するという不服申立制度の趣旨を踏まえ、公正な立場で充実した調査・審理を行」うとしています。ところが、「訴訟事務」では、「税務訴訟は税務行政の適法性が公開の法廷で問われるものであり、個別事案としてマスコミの関心も高く、その結果は税務行政全体に大きく影響することから、的確な訴訟遂行により、勝訴判決を積み重ね税務行政に対する国民の信頼を確保していく必要がある」としています。

　したがって、税務訴訟に発展した場合には、納税者の正当な権利利益の救済よりも、税務行政に対する国民の信頼の確保の要請が重視され、勝訴判決の獲得が目指されるのに対し、異議申立（再調査の請求）段階においては、「納税者の正当な権利利益の救済」を図ることが明記され、「公正な立場で充実した調査・審理を行」うことが目指されていることにも注目したいところです。

　したがって、更正等の処分がなされたときは、理由を確認し、再調査の請求を行うことを検討することになります。

　国税庁のホームページから、再調査の請求書の形式例をダウンロー

第**IV**章　納税者勝訴判決に見る課税庁の判断の誤り

# 再調査の請求書

(初葉)

①平成＿＿年＿＿月＿＿日

② ＿＿＿＿＿＿＿＿ 税務署長　殿
　　　　　　　　　　国税局長　殿

| | | | | | |
|---|---|---|---|---|---|
| 再調査の請求人 | ③ | 住所又は所在地（納税地） | | | 郵便番号　— |
| | ④ | （フリガナ）氏名又は名称 | （　　　　　　　　　　）　印 | | 電話番号　（　　） |
| | ⑤ | 個 人 番 号又は法人番号 | | | ※ 個人番号の記入に当たっては、左端を空欄にしてください。 |
| | ⑥は総代代表又者 | 住所又は居所 | | | 郵便番号　— |
| | | （フリガナ）氏　名 | （　　　　　　　　　　）　印 | | 電話番号　（　　） |
| ⑦代理人 | | 住所又は居所 | | | 郵便番号　— |
| | | （フリガナ）氏　　名 | （　　　　　　　　　　）　印 | | 電話番号　（　　） |

下記の処分について不服があるので、再調査の請求をします。

| | | | |
|---|---|---|---|
| 再調査の請求に係る処分の内容∧原処分∨ | ⑧ 原処分庁 | （　　　）税務署長・（　　　）国税局長・その他（　　　　　） | |
| | ⑨ 原処分日等 | 原処分（下記⑩）の通知書に記載された年月日　　平成　年　月　日付 | |
| | | 原処分（下記⑩）の通知書を受けた年月日　　　平成　年　月　日 | |

⑩ 原処分名等

（「税目」欄及び「原処分名」欄の該当番号をそれぞれ〇で囲み、「対象年分等」欄は、「原処分名」ごとに記載した上で「税目」欄において〇で囲んだ再調査の請求に係る処分の税目の番号を括弧書で記載してください。）

| 税　目 | 原 処 分 名 | 対 象 年 分 等 |
|---|---|---|
| 1　申告所得税2　復興特別所得税3　法人税4　復興特別法人税5　地方法人税6　消費税及び地方消費税7　相続税8　贈与税9　（　　　） | 1　更　正 | |
| | 2　決　定 | |
| | 3加算税　a　過少申告加算税の賦課決定 | |
| | 　　　　b　無申告　加算税の賦課決定 | |
| | 　　　　c　重　　加算税の賦課決定 | |
| | 4　更正の請求に対する更正すべき理由がない旨の通知 | |
| | 5　青色申告の承認の取消し　　　　以後 | |
| | 6　その他（　　　　　） | |
| 10　源泉所得税11　復興特別所得税 | 7　納税の告知 | |
| | 8加算税　a　不納付加算税の賦課決定 | |
| | 　　　　b　重　加算税の賦課決定 | |

| ※整理欄 | 通信日付印年月日 | | | 整理簿 | 連絡せん | 番号確認 | 身元確認 | 確認書類 |
|---|---|---|---|---|---|---|---|---|
| | 平成　年　月　日 | 確認印 | | | | | □ 済 | 個人番号カード ／ 通知カード・運転免許証 |
| | ・　・ | | | | | | □ 未済 | その他（　　　　　　　） |

※整理欄は、記載しないでください。

(不服１)

94

**8 ● 再調査の請求**

（次葉）

| 再調査の請求人の氏名又は名称 | |
|---|---|

⑪ 再調査の請求の趣旨

★ 原処分の取消し又は変更を求める範囲等について、該当する番号を○で囲んでください。

　　1：全部取消し ……… 初葉記載の原処分の全部の取消しを求める。
　　2：一部取消し ……… 初葉記載の原処分のうち、次の部分の取消しを求める。
　　3：変　更 ………… 初葉記載の原処分について、次のとおりの変更を求める。

★ 上記番号2の「一部取消し」又は3の「変更」を求める場合には、その範囲等を記載してください。

⑫ 再調査の請求の理由

★ 取消し等を求める理由をできるだけ具体的に記載してください。
　なお、この用紙に書ききれない場合には、適宜の用紙に記載して添付してください。

| ⑬ 添付書類等（★該当番号を○で囲んでください。） | ⑭ 原処分があったとき以後に納税地の異動があった場合 |
|---|---|
| 1：委任状（代理人の権限を証する書類） | 1：原処分をした税務署長又は国税局長 |
| 2：総代選任書 | 　⇒（　　　　　）税務署長・（　　　　　）国税局長 |
| 3：再調査の請求の趣旨及び理由を計数的に説明する資料 | 2：原処分の際の納税地 |
| 4：その他（　　　　　　　　　　） | 　⇒ |

| ⑮ 不服申立期間経過後に、再調査の請求をすることとなった理由 |
|---|
| |

| ※補正欄 | 補正した日 | 補正箇所 | 補正内容 |
|---|---|---|---|
| | | | |

（不服1）

95

第 **IV** 章　納税者勝訴判決に見る課税庁の判断の誤り

ドできます。参考までに掲載しておきますが、書式に決まりはありま
せん。

# 9　審査請求

　審査請求は、税務署長等が行った処分に不服がある場合に、処分取
消や変更を求めて国税不服審判所に対して不服を申し立てる制度で
す。

　納税者は、不服を申し立てる際には、再調査の請求をし、再調査決
定に対する不服申立として、審査請求を申し立てることもできますし、
再調査の請求を経ずに審査請求をすることもできます。審査請求には、
次の3種類があることになります。

①　再調査の請求に対する再調査決定に対する不服申立としての審
　　査請求

②　再調査の請求を経ずに行う審査請求

③　再調査の請求後、3ヶ月を経過しても決定がない場合等に行う
　　審査請求

①については、再調査決定書の謄本の送達があった日の翌日から起
算して1ヶ月以内に、②は処分があったことを知った日から起算して
3ヶ月以内に行うことができます。

　審査請求の手続は、次のように進行していきます。

```
①　審査請求書収受
        ↓
②　補正　→　却下
        ↓
③　答　弁　書
        ↓
④　反論書、証拠書類の提出（口頭意見陳述）
```

96

9 ● 審査請求

```
          ↓
   ⑤  担当審判官による質問・検査
          ↓
   ⑥  議決・裁決
```

　そして、標準審理期間について、国税庁長官から、「不服申立てに係る標準審理期間の設定等について（事務運営指針）」が発出されており、1年を目安とされています。

　裁決に不服がある時は、裁決があったことを知った日から6ヶ月以内に処分取消訴訟を提起することができます。また、審査請求がされた日の翌日から3ヶ月を経過しても裁決がないときは、裁決を経ないで処分取消訴訟を提起することができます。

　審査請求の認容率は、以下のようになっています。

|  | 認容数 | 認容率 |
|---|---|---|
| 平成28年度 | 241件 | 12.3% |
| 平成29年度 | 202件 | 8.2% |

（国税庁ホームページより）

※一部認容と全部認容を含む。

97

# 第 V 章

## 税務調査における
## 法的七段論法

第Ⅴ章　税務調査における法的七段論法

　税務調査において、納税者と課税庁との間に見解の相違が生じた時には、租税争訟に至る前に見解の相違を解消し、誤った修正申告の勧奨や誤った更正・決定等がなされないようにしなければなりません。そのためには、口頭でやり取りをするだけでなく、双方の主張を書面化し、争点を明らかにして、見解の相違を解消することが望ましいと考えます。課税庁においては、そのために「争点整理表」を作成していることは、前述のとおりです。

　納税者としても、その主張を書面にて整理することが望ましく、付録に掲載したような「主張整理表」を作成して、双方の主張を整理し、その上で「納税者主張整理書面」を作成し、証拠とともに提出することを推奨します。

　そして、課税庁の判断の誤りは、七段階において生ずる可能性があることから、第一段の法解釈から第七段まで順番に検討していくことが重要です。

　本章では、税務調査において、納税者と課税庁との間に見解の相違が生じた場合に、いかなる書面を作成するのかについて、過去の納税者勝訴判決（課税庁が誤った更正等をした事例）を題材として、「納税者主張整理書面」の例を説明していきたいと思います。

第一段 ● 法律解釈

# 第一段　法律解釈

　第一段は、法律解釈です。法的三段論法は、法律を解釈し、事実を認定し、認定した事実を解釈した法に適用する作用です。この大前提となる法律解釈に誤りがあるまま更正に至ると、その更正処分は違法となります。

　そこで、ここでは、税務調査において、納税者と課税庁との間で、法律解釈について見解の相違が生じた場合に提出する「納税者主張整理書面」をご紹介します。前述した、文理解釈・論理解釈・歴史的解釈・目的論的解釈などに照らし、正しい法律解釈を前提として課税要件該当性を判断することを目的とします。

## 課税庁が租税法律主義に反した事例

さいたま地裁平成16年4月14日判決・判タ1204号299頁

─── 事　案 ───

(1)　有限会社Aは、サウナ風呂、スイミングスクール、レストラン及び喫茶店等の経営等を目的として、昭和59年12月28日に設立され、サウナ、スイミングスクール等の事業を行っていました。原告Xは、Aの代表取締役でした。

(2)　原告Xは、銀行や信用金庫からAが融資を受ける際に、その連帯保証人となりました。

(3)　原告Xは、本件第1土地代金を2億2,843万8,900円で売却し、平成9年5月19日、C銀行に対し、保証債務履行のため、弁済しました。

(4)　原告Xは、平成9年5月28日、B信用金庫に対し、保証債務履行のため、弁済しました。

(5)　原告Xは、平成9年11月13日、本件第2土地を3,500万円で売却し、

101

第 **V** 章　税務調査における法的七段論法

B信用金庫に対し、平成9年12月3日、の保証債務履行のため、弁済しました。

(6)　Aは、平成9年2月末、営業を終了し、同年4月30日、第1号議案を当会社解散の件、第2号議案を清算人選任の件とする社員総会を開催し、Aの解散及び清算人を原告Xとする決議を行い、同年5月13日、その旨の登記を行いました。

(7)　原告Xは、Aに対し、平成9年12月24日付けで、原告Xが代位弁済した本件各債務に係る求償権を放棄する旨を記載した債権放棄通知書を内容証明郵便により送付しました。

(8)　Aは、平成9年12月30日、清算を結了し、平成10年1月19日、その旨の登記を行いました。

(9)　原告Xは、平成10年3月16日、平成9年分の所得税について、本件第1土地及び第2土地の譲渡に係る所得の金額を算出するに当たり、Aを主債務者とする保証債務の履行を行ったとして、所得税法第64条2項（本件特例）を適用し、総所得金額を2,487万7,877円、分離課税の分離長期譲渡所得の金額を0円、納付すべき税額を366万7,800円とする確定申告書を提出ました。

(10)　課税庁は、税務調査の結果に基づき、平成11年8月27日、原告Xに対し、平成9年分の所得税について、総所得金額を2,487万7,877円、分離課税の分離長期譲渡所得の金額を1億2,216万7,753円、納付すべき税額を3,431万7,900円及び過少申告加算税を429万2,500円とする、所得税の更正及び過少申告加算税の賦課決定処分をしました。

(11)　そこで、原告Xが、各処分の取消を求めて提訴しました。

―――――――――――――― **判　　決** ――――――――――――――

(1)　譲渡所得課税は、資産が譲渡によって所有者の手を離れるのを機会にその所有期間中の増加益（キャピタルゲイン）を精算して課税しようとするものである。そして、資産の譲渡による譲渡代金の権利が確定したときは、原則として課税所得が発生するが、資産（事業用の資産を除く。）の譲渡代金の貸倒れ等による損失が生じた場合は、資産の譲渡収入により発生するはずであった担税力が発生しない結果となるから、課税所得

のうちに含められた所得の部分については、課税所得がなかったものと
して、その課税所得を修正することが適当である。そして、債務保証を
行い、その履行のために資産の譲渡があった場合において、その履行に
伴う求償権の全部又は一部が行使できなくなったときは、上記の場合と
同様、その求償権に基づく収入があった限度において譲渡収入があった
ものとして譲渡所得課税を行うこととされている。

(2)　要するに、所得税法64条2項の法意は、保証人が主債務者のために財
産を譲渡して弁済し、かつ求償権行使が不能となったときは、資産の譲
渡代金の回収不能が生じた場合と同様、結論的にその分はキャピタルゲ
インたる収入がなかったものと扱うという趣旨であると解される。

(3)　所得税法64条2項に定める保証債務の特例の適用を受けるためには、
実体的要件として、納税者が

　(ア)　債権者に対して債務者の債務を保証したこと

　(イ)　上記(ア)の保証債務を履行するために資産を譲渡したこと

　(ウ)　上記(ア)の保証債務を履行したこと

　(エ)　上記(ウ)の履行に伴う求償権の全部又は一部を行使することができな
　　いこととなったこと

が必要であり、かつこれで足りるものであって、それ以上に債権者の請
求があったことや主債務の期限到来が要求されているとは解し得ない。

(4)　そして、原告Xの本件第1土地の譲渡に伴う本件第1、3、4債務の弁済、
第2土地の譲渡に伴う本件債務の弁済は、いずれも上記(ア)ないし(ウ)の要
件を満たすというべきであり、解散後のAには原告に対する求償債務を
弁済すべき資力はなかったと認められるから、(エ)の要件も満たすもので、
本件については所得税法64条2項の適用要件が満足されていると認めら
れる。

(5)　被告国は、所得税法64条2項の適用のためには、保証債務の履行を「余
儀なくされる」状況下でやむにやまれず資産を譲渡した場合でなければ
ならないとして、まず、本件では、①資産の譲渡が債務の弁済期の到来
前に行われ、②債権者であるC銀行及びB信用金庫が主債務者であるA
に債務の返済を請求した事実はなく、③保証人である原告に保証の履行
を請求した事実もない等の事情から、本件には所得税法64条2項の適用

第 **V** 章　税務調査における法的七段論法

はないと主張する。

　しかし、上記被告の主張は採用できない。

(6)　次に、被告国は、「Aは、本件各債務の弁済に充て得る原資を有しており、現に平成8年12月まではE銀行及びB信用金庫に対する債務の返済を確実に行っていたのであるから、自らの収入によって本件各債務を月々返済していくことが十分に可能な状況であったとみるべきである。このように返済可能な状況であったにもかかわらず、平成9年1月以降、売上が減少したのは、Aの代表者であった原告X自ら営業を停止したことによるものである。すなわち、Aは、原告Xが所有する本件第1土地上に原告が建設した建物を原告から賃借し、スイミングスクール等の経営を行っていたものであるところ、原告Xは、本件第1土地の売買契約に、本件第1土地上の事業所を解体し更地で引き渡す旨の特約を付した上で、当該契約締結後速やかにAの営業を停止し、本件第1土地上の自己所有の建物及びAの資産である1億3,567万8,934円もの付属設備を取り壊し、除却している。このことは、原告Xにおいて、保証債務の履行を余儀なくされていない状況下で、任意に本件各土地を譲渡し、Aの債務を弁済したもので、保証人自らが、主債務者であるAの事業継続並びに求償権の行使を不能ならしめたものとみるべきであるから、所得税法64条2項が適用されるべき保証債務履行のための『止むに止まれぬ』資産の譲渡とはいえない。」旨主張する。

(7)　Aの経営は、平成5年から連続して赤字続きであり、……Aの資産の大半は昭和60年頃作られたプールやサウナの設備であって、相当に老朽化しており、これらから、Aがこれ以上事業好転の見込みもなく、事業継続は難しいとの判断から、事業をたたむこととしたとしても何ら不合理な判断とはいえず、その一環として債務整理に役立てるため、老朽化した建物設備等を除却して保証人である原告Xの土地を高く売却しようと努めたことも何ら不合理な判断とはいえない。

(8)　そうすると、本件土地の譲渡について、「Aが事業の継続が可能であったのに、保証人である原告Xが、自らの判断で、Aの営業継続に不可欠な不動産を売却して営業を廃止したもので、保証債務の履行を余儀なくされたやむにやまれぬ譲渡ではないから、所得税法64条2項の適用はな

い。」との上記被告国の主張は、事業の廃止の妥当性の判断においても、保証人である原告の判断でAの経営を不可能ならしめたとの点においても、いずれも合理性を欠くもので、到底採用できないというべきである。

(9) 所得税法等税法の解釈・運用は、可能な限り経済的利益の得喪・変更という客観的指標によることが望ましい。被告が本訴で主張しているような「保証債務の履行を余儀なくされた」とか「止むに止まれぬ弁済」でなければならないとの要件は、所得税法64条2項の法文になく、これを明らかにした通達もなく、標準的な所得税法の解説書……にも触れられていない。仮にそうした要件をもうけることがふさわしい場面があるとしても、できる限り明確な基準によるべきであり、本件で問題となったような「会社の事業継続が可能であったかどうか」などという曖昧な基準で所得税法64条2項の適否を決するのが適当とは思われない（会社の事業継続が客観的に可能であったかどうか等は一概にいえないし、仮に利益が出ている事業であったとしても、諸般の事情から事業をたたみ、保証人の弁済により負債の整理をすることも世上あり得ることである。こうした場合を一律に所得税法64条2項を適用すべき場合でないともいえない。）。

## 解　説

本件は、会社の代表者が金融機関からの融資について、会社の連帯保証人となっていたところ、事業継続を断念し、会社を清算させることとして、個人の土地を売却してその売却代金を保証債務の履行にあて、その後、会社を解散させた上、保証債務の履行によって生じた会社に対する求償権を債権放棄した、という事案です。

そして、この代表者は、所得税法64条2項を適用し、求償権の行使が不能となったことを前提として、所得税の確定申告をしたところ、課税庁より、所得税法64条2項の適用はできないとされ、更正および決定を受けました。

所得税法64条2項は、保証債務を履行するため資産の譲渡があった場合において、その履行に伴う求償権の全部又は一部を行使するこ

とができないこととなったときは、その行使することができないこととなった金額を前項に規定する回収することができないこととなった金額とみなして、同項の規定を適用する、とされており、この要件に該当するかどうかが争点です。

そして、課税庁の主張は、この規定が適用されるためには、債権者からの請求を受けるなど「保証債務の履行を余儀なくされた」場合であり、「止むに止まれぬ弁済」の場合であることが必要であるというものです。

これに対し、納税者が処分取消訴訟を提起したものです。

裁判所は、租税法律主義、課税要件明確主義の観点から、そのような法文にも通達にも記載されていない基準を付加すべきでないとして、国側の主張を排斥し、納税者勝訴判決を出して、確定しました。

## 納税者主張整理書面

課税庁が納税者に対して更正等の処分をするには、租税法規について、法律解釈をし、事実を正しく当てはめることが必要です。納税者と課税庁との間で、法律解釈について見解の相違が生じた時は、

(1) 課税庁の法律解釈の確認

(2) 納税者の法律解釈の主張

(3) 納税者の法律解釈を前提とした本件への当てはめ

を示すことが必要です。

課税庁では、納税者主張整理書面を読み、双方の主張を吟味し、更正等の処分をした場合に、処分取消訴訟で国が勝訴できるかどうかを慎重に吟味することとなり、誤った法律解釈による誤った更正等の処分を防止することができると考えます。

第一段 ● 法律解釈

# 納税者主張整理書面(1)

○○税務署長　御中

> 複数通提出する可能性があるため、「(1)」とします。

平成●年●月●日

納税者　　　　　　●●●　㊞

税務代理人税理士　　●●●　㊞

　平成●年●月●日に開始された貴署による税務調査では、私が平成9年分の所得税について、土地の譲渡所得を計算するに当たり、所得税法64条2項を適用したことについて、同条項は適用できない旨、指摘されています。

　そこで、この点に関し、私の主張を整理させていただきます。

## 第一　貴署の主張

　所得税法第64条2項は、「保証債務を履行するため資産・・・・の譲渡・・・・があった場合において、その履行に伴う求償権の全部又は一部を行使することができないこととなったときは、その行使することができないこととなった金額・・・・を前項に規定する回収することができないこととなった金額とみなして、同項の規定を適用する。」とされています。

　貴署は、この規定が適用されるためには、債権者からの請求を受けるなど「保証債務の履行を余儀なくされた」場合であり、「止むに止まれぬ弁済」の場合であることが必要であると主張されています。

> まず、法律解釈の原則について、共通認識を作ります。

## 第二　法律解釈の原則

(1)　憲法30条は、「国民は、法律の定めるところにより、納税の義務を負う」とし、84条で、「あらたに租税を課し、又は現行の租税を

107

変更するには、法律又は法律の定める条件によることを必要とする」
として、租税法律主義を定めています。そして、租税法律主義は、
課税要件法定主義、課税要件明確主義を要請します。課税要件は、
納税義務ないし租税債務が成立するための要件です。課税要件法定
主義および課税要件明確主義からは、納税義務を成立されるための
要件は、法律又はその具体的・個別的委任による政省令等で定めら
れることが必要であり、かつ、その定めは可能な限り一義的で明確
である必要があります。さらに、その明確に定められた要件は、そ
の文理に従って解釈されなければなりません。

　したがって、租税法規の解釈は、文理解釈が原則となります。

(2)　金子宏『租税法〈第23版〉』(弘文堂)でも、「租税法は侵害規範
(Eingriffsnorm)であり、法的安定性の要請が働くから、その解釈
は原則として文理解釈によるべきであり、みだりに拡張解釈や類推
解釈を行うことは許されない」としています。

(3)　判例においても、最高裁平成22年3月2日判決・百選第6版13
事件は、「租税法規はみだりに規定の文言を離れて解釈すべきもので
はなく、原審のような解釈を採ることは、……文言上困難」と判示し、
所得税法施行令322条の「当該支払金額の計算期間の日数」につい
て、「当該支払金額の計算の基礎となった期間の初日から末日までと
いう時的連続性を持った概念であると解するのが自然」であると判
示しています。

(4)　したがって、本件所得税法64条2項も文理解釈によって解釈すべ
きであり、文理を離れて要件を追加すべきではないと考えます。

## 第三　当てはめ

(1)　所得税法64条2項は、「保証債務を履行するため資産・・・・の
譲渡・・・・があった場合において、その履行に伴う求償権の全部
又は一部を行使することができないこととなったときは、その行使
することができないこととなった金額・・・を前項に規定する回
収することができないこととなった金額とみなして、同項の規定を

適用する。」とされています。

(2)　上記法文には、「保証債務の履行を余儀なくされた」の文言や、「止むに止まれぬ弁済」の文言は記載されておらず、通達等にも記載がありません。

(3)　したがって、所得税法64条2項に定める保証債務の特例の適用を受けるためには、実体的要件として、納税者が

　㋐　債権者に対して債務者の債務を保証したこと

　㋑　上記㋐の保証債務を履行するために資産を譲渡したこと

　㋒　上記㋐の保証債務を履行したこと

　㋓　上記㋒の履行に伴う求償権の全部又は一部を行使することができないこととなったこと

が必要であり、かつこれで足りるものと考えます。

> ここで、立証責任が課税庁にあることを改めて認識してもらいます。

### 第四　立証責任と証明度

　以上の法律解釈を前提とすると、事実認定上の争点は、上記(1)の「求償権の全部又は一部を行使することができないこととなった」かどうか、つまり、「求償権を行使することが可能であった」かどうか、という点です。

　この点についての立証責任については、「所得の存在及びその金額について決定庁が立証責任を負うことはいうまでもないところである」（最高裁昭和38年3月3日判決・訟月9巻5号668頁）とされていることから、貴署が立証責任を負担することとなります。

　そこで、本件では、上記(3)㋓の「求償権の全部又は一部を行使することができないこととなったこと」の不存在、つまり、「求償権を行使することが可能であったこと」を貴署にて立証する必要があることになります。

　また、貴署が立証責任を負担する事実が証明できたかどうかの「証明度」については、ルンバール事件最高裁判決は、次のように判示し

ています。

「訴訟上の因果関係の立証は、一点の疑義も許されない自然科学的証明ではなく、経験則に照らして全証拠を総合検討し、特定の事実が特定の結果発生を招来した関係を是認しうる高度の蓋然性を証明することであり、その判定は、通常人が疑を差し挟まない程度に真実性の確信を持ちうるものであることを必要とし、かつ、それで足りるものである。」（ルンバール事件最高裁昭和50年10月24日判決・民集29巻9号1417頁）

そこで、「求償権を行使することが可能であったこと」が「通常人が疑を差し挟まない程度に真実性の確信を持ちうる程度に証明されたかどうか」について、検討することとします。

### 第五　貴署の主張

貴署の主張は、以下のとおりです。

Aは、本件各債務の弁済に充て得る原資を有しており、現に平成8年12月まではE銀行及びB信用金庫に対する債務の返済を確実に行っていたのであるから、自らの収入によって本件各債務を月々返済していくことが十分に可能な状況であったとみるべきである。

### 第六　納税者の主張

(1)　Aの経営は、平成5年から連続して赤字続きであり、Aの資産の大半は昭和60年頃作られたプールやサウナの設備であって、相当に老朽化しており、これらから、Aがこれ以上事業好転の見込みもなく、事業継続は難しいとの判断から、事業をたたむこととしたとしても何ら不合理な判断とはいえず、その一環として債務整理に役立てるため、老朽化した建物設備等を除却して保証人である私の土地を高く売却しようと努めたことも何ら不合理な判断とはいえないと考えます。

(2)　以上の事実を前提とすると、私がAに対して有する「求償権を行使することが可能であったこと」、について、通常人が疑を差し挟ま

第一段 ● 法律解釈

　ない程度に真実性の確信を持ちうる程度に証明された、とは言えな
　いものと考えます。
⑶　以上の点をご考慮いただき、再度ご検討をお願い申し上げる次第
　です。

以上

【証拠】

証拠を添付すれば課税庁が読みながら証拠
を参照することができます。

証拠1　確定申告書写し

証拠2　建物設備の写真

証拠3　修繕記録

証拠4　事業状況推移表

証拠5　設備除却の際の資料

証拠6　陳述書

証拠7　陳述書

関係者の陳述書を添付することも検討しま
す。そうすれば、課税庁は、訴訟になった時は、
証人として反対証言をすることを予想するこ
とになります。

第 V 章　税務調査における法的七段論法

---

## 第二段　事実認定

　第二段は、事実認定です。税務調査において、納税者と課税庁との間で、「事実」の認定において相違が生ずることは多いと思います。その場合に提出する「納税者主張整理書面」です。この書面では、課税要件事実の立証責任が課税庁にあることを確認し、その前提のもとに収集した証拠によって、社会通念からみたときに、課税要件事実の充足が証明度に達しているかどうか、を検証する内容となります。

# 1 立証責任が問題となった事例

　課税要件事実の立証責任は、課税庁が負います。したがって、処分取消訴訟において、課税要件事実を国が立証しきれないときは、国が敗訴することになります。

　そこで、立証責任の負担により、国が敗訴した裁判例を見ていきます。

### 立証責任を理由に国が敗訴した事例

名古屋地裁平成26年4月24日判決（納税者勝訴・TAINS　Z264–12462）、名古屋高裁平成26年12月11日判決（納税者勝訴確定・TAINS　Z264–12574）

―――――――――　事　案　―――――――――

　原告有限会社Aは、平成17年9月1日から平成21年8月31日まで、原告有限会社Bは、平成14年9月1日から平成17年8月31日までの各事業年度ないし課税期間につき、それぞれ、総勘定元帳に計上した株式会社Cに対する外注費（以下「本件外注費」といいます。）を、法人税の所得金額の計算上損金の額に算入するとともに、消費税及び地方消費税の計算上課税仕入れに係る支払対価の額に含めて、上記各税の確定申告をしました。

　その後、Cに税務調査が入り、Cの代表者である乙が、本件外注費は架

空外注費であると申告したため、処分行政庁から、本件外注費は架空の原価であるから損金の額に算入できず課税仕入れに係る支払対価の額にも含まれないとして、平成22年6月15日付けで各更正処分及び各重加算税賦課決定処分を受けたため、本件各更正処分のうち原告らの主張する金額を超える部分及び本件各賦課決定処分の取消しを求めた事案です。

―――――――――― 判　　決 ――――――――――

争点は、本件外注費が架空か否か、という点です。

## (1)　被告国の主張

被告国は、

①　Cが原告らに対し本件外注費に係る役務の提供をした事実はない

②　原告らがCに対し本件外注費の金額を役務の提供の対価として支払った事実はない

③　原告らは、実体がない取引を仮装し、外注費を架空計上した

と主張しました。

理由は、以下のとおりです。

### (一)　外注費の支払いの欠如

(1)　Cの代表者である乙は、税務調査時から証人尋問に至るまで一貫して本件外注費が架空であると供述している。

(2)　Cの得意先に対する売上は、ほとんど振り込みや手形・小切手であるのに、本件外注費は総勘定元帳の売上高勘定では「現金」又は「諸口」となっており、不自然であるから、本件外注費の授受がなかったことを推認させる。

(3)　Cは本件外注費の売上と同時期に他社に対する外注費が発生し、相殺する記帳処理を行っているが、受注した仕事をそのまま下請けに外出に出したとしても利益は織り込むのが通常であるから、売上金額と全く同額の外注費の支払をするということはあり得ない取引である。

(4)　原告らは、本件外注費の金額と同額の小切手を振り出しているが、その後わざわざ自ら小切手を現金化し、その現金を封筒に入れて乙に手渡していたというが、手間と危険を伴う現金決済でなければならない合理

的な理由はない。

(5) 本件外注費の領収書に記載された作業場所でCが作業をした事実はない。

(6) 本件外注費の金額は、原告らが受注した業務に関する売上金額と連動性がないから、合理的な算定根拠がない金額である。

(7) 乙が税務署に提示した封筒には、裏面に「130,000」「6500」「195,000」と記載されており、これは原告らの代表者である甲が記載したものである。これは、封筒の中身の金額が記載されたもので、架空取引に関して乙に支払われた手数料である。

### (二) 役務提供の欠如

(1) Cの代表者である乙は、税務調査時から証人尋問に至るまで一貫して、本件外注費に係る役務の提供を一切行っていないこと、本件外注費に係る請求書を作成したが、これは架空の請求書であること、などを供述している。

(2) 原告らは、毎月、Cに対し、請求書及び領収書に記載する作業内容、金額及び日付を指定し、これを記載した請求書及び領収書を作成して原告ら宛に公布するよう依頼する文書をファクシミリにより送信していた。通常の取引において、発注者が受注者に対し、請求書及び領収書の記載内容について、日付や作業内容のみならず、請求者において算出されるべき請求金額に至るまで指示することはおよそ考えられない。

(3) 本件各請求書は、原告らの代表者である甲の指示に基づいて作成されたものであるが、請求書に記載された作業現場内でCが作業を行った事実はない。

(4) 原告らは、本件各請求書に記載されている役務の具体的内容並びに取引数量、単価及び金額の算定根拠をいまだに明らかにできていない。業務の発注者が発注先の作業内容について具体的な記憶がないということ自体不自然である。

(5) Cが作成・保管していた工事日誌は、Cが行った全ての工事及び作業について作成されたものであるが、この工事日誌に、本件外注費に係る工事・作業に関する記載はない。

(6) 原告は、本件養生作業で発生した廃棄物は一般廃棄物であると主張するが、本件廃棄物は、一般廃棄物ではなく産業廃棄物である上、Cは、当該

市区町村における一般廃棄物収集運搬業の許可を受けておらず、一般廃棄物の収集・運搬・処分を継続的に行うことはできない状態であった。

## (2) 原告らの主張

### (一) 本件外注費の支払い

(1) 原告らは、毎月20日前後に本件外注費に相当する金額の小切手を振り出し、同小切手を現金化して決済のための現金を用意していた。

(2) 本件外注費が架空であれば、不正に蓄財された金額は相当多額に上るが、それを裏付ける客観的痕跡は全くない。

(3) 原告Aの事務員は、乙に対して封筒入りの現金を交付したことが五、六回以上あるが、その封筒の厚み等から数十万円程度ではなく、100万円くらいであったと供述している。

(4) 原告らは、C以外の取引先との間でも、本件各ファックス文書と同様のファックス文書のやり取りをしていた。

(5) CがFらに対して架空の外注費を計上していたとしても、原告らのCに対する本件外注費が架空であったと結びつくものではない。

### (二) 役務の提供

(1) 原告らは、各事業場において、養生作業、メッキ加工用機械の建浴作業、事業場内の機械・通路・階段・休憩室等の清掃作業及びゴミの回収分別作業、工場敷地内の道路の補修・舗装作業等を行っていたものであり、これにより大量の廃棄物が発生していた。

(2) 原告らは、税務調査の影響によりCとの取引がなくなった後、廃棄物処理の専門業者に対し、月額40万円から100万円を超える費用をかけて廃棄物処理を委託するようになった。

(3) Cは、土木工事及び舗装工事を事業として行う者であり、工事現場から出る廃棄物を処理しなければならない立場にあったから、自ら又は第三者に依頼して廃棄物処理を行っていた。

## (3) 地裁の判断

名古屋地裁は、課税要件事実の立証責任は被告国が負担する、という前提に立った上で、概要次のように判断しました。

第 **V** 章 税務調査における法的七段論法

(1) 本件外注費については、Cの作成に係る本件各請求書及び本件各領収書が存在し、原告らによって、毎月、本件各請求書等の金額と同額の小切手が振り出され、銀行の当座預金口座から同額の出金が行われてきたものである。そして、原告らの総勘定元帳の外注費勘定には、Cに対する外注費が計上され、これら小切手の渡先は「C」であるとする小切手帳控えが存在しているのであるから、原告らにおいては、本件外注費をCに支払ったとする自らの主張に沿った経理処理がされており、その裏付けとなる帳簿や書類等も残されている。

(2) 原告らが乙に対して渡した封筒について、乙は、証人尋問において、平成21年12月に本件封筒を受領した当日ないし数日後、たまたま税務署の調査官が事務所にいて、それを開封することになった、と供述しているが、実際に封筒を受領した日と本件封筒を調査官に提示した日との間には、20日間以上の間隔があるから、乙の供述は客観的な事実関係と明らかに齟齬している。

(3) 乙は、証人尋問で、本件封筒を受領する前に、既に甲に対して、税務調査で本件取引が架空であることを伝えていた、と供述しているが、甲がそれを聞いた後に、わざわざ架空取引の裏付けとなる書き込みのある本件封筒を乙に渡すことは通常考えがたく、不自然不合理であるから、乙の本件封筒の入手経緯に関する供述は信用できない。

(4) 原告らの従業員の供述による封筒の状態と、本件封筒の状況はかけ離れていること、税務署の調査官から、架空取引の対価を受け取っていた証拠を提出して欲しいと求められていたこと等をも併せ考慮すると、乙が自らの説明に沿うように本件封筒の中身等を整えたのではないかとの疑いを払拭することができない。

(5) 乙の供述を前提にすると、本件外注費の大半は原告らによって費消ないし蓄財されたことになるが、それらをうかがわせる証跡は見当たらない。

(6) 乙は、本件外注費に係る役務の提供をしたことは一切ない旨供述しているが、証人は、「C」の名称入りダンプカーが作業場所の駐車場に停まっており、産業廃棄物をダンプカーに積む作業が行われている様子を何度か目撃したと証言しており、その証言は十分信用できる。

(7) したがって、乙供述をそのまま信用することはできず、乙供述によっ

て、本件外注費に係る取引が架空取引であったと認めることはできない
し、その他の諸事実からもこれを推認することはできず、他に本件外注
費に係る取引が架空取引であったと認めるに足りる証拠はない。

⑻　以上より、本件外注費が架空のものであったということはできず、こ
れについて、被告国が立証責任を負う損金ないし支払対価の不存在を認
めることはできない。

## 【控訴審】

　国側敗訴の判決を受け、国が控訴しましたが、名古屋高裁は、地裁の判
断を支持して、控訴を棄却し、判決が確定しました。

## 解　説

　本件は、原告らが、総勘定元帳に計上したＣ社に対する外注費を、
法人税の所得金額の計算上損金の額に算入するとともに、消費税及び
地方消費税の計算上、課税仕入れに係る支払対価の額に含めて確定申
告をしたところ、処分行政庁から、本件外注費は架空の原価であるか
ら損金の額に算入できず課税仕入れに係る支払対価の額にも含まれな
いとして、各更正処分及び各重加算税賦課決定処分を受けたため、各
更正処分のうち原告らの主張する金額を超える部分及び各賦課決定処
分の取消しを求めた事案です。

　法人税法22条１項は、「内国法人の各事業年度の所得の金額は、当
該事業年度の益金の額から当該事業年度の損金の額を控除した金額と
する。」と規定しています。

　争点は、損金の額に算入された外注費について、①外注費に係る取引
があったか否か、②外注費の支払いがあったか否か、という点です。裁
判所は、損金の額についての立証責任が国にあることを前提に、証拠に
基づき、損金の額が立証されていないとして、国敗訴の判決を出しました。

　被告国は、おもに外注先であるＣ社の代表者である乙が、「本件外
注費は架空取引である」という供述に依拠し、乙の供述に沿う事実を

列挙することにより、本件外注取引が架空であり、かつ、外注費の支払いもなかったことを立証しようとしました。

しかし、裁判所は、乙の供述が信用できないとして、乙の供述によって、本件外注費に係る取引がなかったことや、外注費の支払いがなかったことが証明できたとは言えない、と判断しました。

税務訴訟における課税要件事実の立証責任を念頭に置いた判決ということができます。

## 納税者主張整理書面

この事例は、平成22年6月15日付けで各更正処分及び各重加算税賦課決定処分を受け、処分取消訴訟を提起し、平成26年12月11日の名古屋高裁判決によって決着がついたものであり、解決までに約4年半もかかっています。税務調査段階での見解の相違の解消が望まれるところです。

課税庁が納税者に対して更正等の処分をするには、租税法規について、法律解釈をし、事実を正しく当てはめることが必要です。そして、この事実については、課税庁が立証責任を負担しています。

税務調査においては、次のことを課税庁に意識してもらい、それを前提として事実認定をしてもらうことが大切です。

(1) 課税庁が立証責任を負担していること

(2) 立証責任を負う事実を「通常人が疑を差し挟まない程度に真実性の確信を持ちうる」程度に立証する必要があること

書面で提出することにより、課税庁では、双方の主張を吟味し、更正等の処分をした場合に、処分取消訴訟で国が勝訴できるかどうかを慎重に吟味することとなり、誤った事実認定による誤った更正等の処分を防止することができます。

# 納税者主張整理書面(1)

●●税務署長　御中

平成●年●月●日

納税者　　　　　●●●　㊞
税務代理人税理士　●●●　㊞

　平成●年●月●日に開始された貴署による税務調査では、弊社が総勘定元帳に計上したＣ社に対する外注費が架空取引によるものであり、支払もなされていない旨の指摘を受けています。

　そこで、この点に関し、弊社の主張を整理させていただきます。

**第一　争点**

> ここで、本件は第二段の「事実認定」の問題であることを明らかにします。

　法人税法22条１項は、「内国法人の各事業年度の所得の金額は、当該事業年度の益金の額から当該事業年度の損金の額を控除した金額とする。」と規定しています。

　争点は、損金の額に算入された外注費について、①外注費に係る取引があったか否か、②外注費の支払いがあったか否か、という点です。

**第二　立証責任と証明度**

> ここで、立証責任が課税庁にあることを改めて認識してもらいます。

　この点についての立証責任については、「所得の存在及びその金額について決定庁が立証責任を負うことはいうまでもないところである」（最高裁昭和38年３月３日判決、訟月９巻５号668頁）とされていることから、貴署が立証責任を負担することとなります。

　そこで、本件では、①外注費に係る取引が架空であることが立証され

たか、②外注費の支払いがないことが立証されたか、が問題となります。

> ここで、立証責任を負担する者は、どの程度に事実を立証する必要があるのか、について、認識してもらいます。

　また、貴署が立証責任を負担する事実が証明できたかどうかの「証明度」については、ルンバール事件最高裁判決は、次のように判示しています。

　「訴訟上の因果関係の立証は、一点の疑義も許されない自然科学的証明ではなく、経験則に照らして全証拠を総合検討し、特定の事実が特定の結果発生を招来した関係を是認しうる高度の蓋然性を証明することであり、その判定は、通常人が疑を差し挟まない程度に真実性の確信を持ちうるものであることを必要とし、かつ、それで足りるものである。」（ルンバール事件最高裁昭和50年10月24日判決・民集29巻9号1417頁）

　そこで、本件外注費に係る取引及び外注費の支払いが架空であることが「通常人が疑を差し挟まない程度に真実性の確信を持ちうる程度に証明されたかどうか」について、検討することとします。

### 第三　貴署の主張

　貴署の主張は、以下のとおりです。

㈠　**外注費の支払いの欠如**

⑴　Cの代表者である乙は、税務調査において、本件外注費が架空であると供述した。

⑵　Cの得意先に対する売上は、ほとんど振り込みや手形・小切手であるのに、本件外注費は総勘定元帳の売上高勘定では「現金」又は「諸口」となっており、不自然であるから、本件外注費の授受がなかったことを推認させる。

⑶　弊社らは、本件外注費の金額と同額の小切手を振り出しているが、その後わざわざ自ら小切手を現金化し、その現金を封筒に入れて乙に手渡していたというが、手間と危険を伴う現金決済でなければならない合理的な理由はない。

第二段 ● 事実認定

⑷　乙は、税務調査において、本件外注費の領収書に記載された作業場所でCが作業をした事実はないと供述している。

⑸　本件外注費の金額は、弊社が受注した業務に関する売上金額と連動性がないから、合理的な算定根拠がない金額である。

⑹　乙が税務署に提示した封筒には、裏面に「130,000」「6500」「195,000」と記載されており、これは弊社代表者である甲が記載したものである。これは、封筒の中身の金額が記載されたもので、架空取引に関して乙に支払われた手数料である。

㈡　役務提供の欠如

⑴　Cの代表者である乙は、税務調査において、本件外注費に係る役務の提供を一切行っていないこと、本件外注費に係る請求書を作成したが、これは架空の請求書であること、などを供述している。

⑵　弊社は、毎月、Cに対し、請求書及び領収書に記載する作業内容、金額及び日付を指定し、これを記載した請求書及び領収書を作成して弊社宛に公布するよう依頼する文書をファクシミリにより送信していた。通常の取引において、発注者が受注者に対し、請求書及び領収書の記載内容について、日付や作業内容のみならず、請求者において算出されるべき請求金額に至るまで指示することはおよそ考えられない。

⑶　Cが作成・保管していた工事日誌は、Cが行った全ての工事及び作業について作成されたものであるが、この工事日誌に、本件外注費に係る工事・作業に関する記載はない。

⑷　原告は、本件養生作業で発生した廃棄物は一般廃棄物であると主張するが、本件廃棄物は、一般廃棄物ではなく産業廃棄物である上、Cは、当該市区町村における一般廃棄物収集運搬業の許可を受けておらず、一般廃棄物の収集・運搬・処分を継続的に行うことはできない状態であった。

## 第四　納税者の主張

弊社としては、次のとおり、本件外注費に係る取引が架空であり、

外注費の支払いも架空であることが、<u>通常人が疑を差し挟まない程度に真実性の確信を持ちうる程度に証明</u>されたとは言えないと考えております。

⑴　本件外注費については、Cの作成に係る本件各請求書及び本件各領収書が存在し、原告らによって、毎月、本件各請求書等の金額と同額の小切手が振り出され、銀行の当座預金口座から同額の出金が行われてきております（証拠1、2、3）。

⑵　原告らの総勘定元帳の外注費勘定には、Cに対する外注費が計上され、これら小切手の渡先は「C」であるとする小切手帳控えが存在しております（証拠4、5）。

⑶　上記は、原告らにおける経理処理は、一貫して本件外注費の支払があったことと整合しています。

⑷　本件外注費の支払が架空であることを前提とする、計上された外注費の大半は弊社によって費消ないし蓄財されたことになりますが、それらをうかがわせる証跡は一切存在しません。

⑸　弊社の従業員であるRは、「Cに対する外注費の支払については、毎月、甲の指示を受けて小切手を振り出し、J銀行○○支店で現金化し、銀行の封筒に入れられてホッチキスで封をした状態の現金を持ち帰り、『Cさん』と封筒に書いた上、D事務所の金庫に保管していました。」「甲の留守中、外注費を受け取りに来た乙に対し、甲の代わりに封筒を交付したことが五、六回以上、10回以内程度ありました。」「乙に交付した封筒は、その厚みや重さから100万円以上の現金が入っていると思われるものであり、数十万円程度しか入っていないという感触ではありませんでした」「封筒に金額が書かれたものを見たことはありませんでした」と陳述書に記載しており、乙の供述と矛盾しています（証拠6）。

⑹　取引先従業員であるPは、「『C』の名称入りダンプカーが作業場所の駐車場に停まっており、産業廃棄物をダンプカーに積む作業が行われている様子を何度か目撃したことがあります」と陳述書に記載しており、Cが外注費に係る役務提供をしたことを裏付けます（証拠7）。

第二段 ● 事実認定

(7) 以上の事実を前提とすると、貴署が弊社が計上した外注費について、架空取引であると疑うことについては否定しませんが、貴署が立証責任を負う、①外注費に係る取引が架空であることが立証されたか、②外注費の支払いがないことが立証されたか、について、通常人が疑を差し挟まない程度に真実性の確信を持ちうる程度に証明された、とは言えないものと考えます。

(8) 以上の点をご考慮いただき、再度ご検討をお願い申し上げる次第です。

以上

> 証拠を添付すれば課税庁が読みながら証拠を参照することができます。

【証拠】

証拠1　請求書写し

証拠2　領収書写し

証拠3　当座預金口座写し

証拠4　総勘定元帳写し

証拠5　小切手帳写し

証拠6　陳述書

証拠7　陳述書

> 関係者の陳述書を添付することも検討します。そうすれば、課税庁は、訴訟になった時は、証人として反対証言をすることを予想することになります。

第 **V** 章 税務調査における法的七段論法

## 立証責任を理由に国が敗訴した事例

仙台地裁平成24年2月29日判決（TAINS　Z262-11897）

――――――― **事　案** ―――――――

(1)　原告Xは、旅館業及び飲食業などを目的として昭和35年に設立され、旅館Aを経営してきており、青色申告の承認をされた内国法人です。

(2)　社員乙は、平成8年10月に原告Xに入社した後、和食、洋食及び中華料理部門の総責任者である調理部調理課長→調理部副支配人→総料理長兼調理部支配人→副総支配人に就任しました。

(3)　社員丙は、平成16年11月に原告Xに入社した後、調理部和食調理課長→総料理長に就任しました。

(4)　有限会社Eは、加工食品の製造販売等を目的とする法人であり、有限会社Cを通じて、原告Xにお膳料理用食材（本件食材）を納入していた株式会社Dに本件食材を納入していた会社です。

(5)　S税務署が平成19年9月ないし12月ころに、原告Xの税務調査をしたところ、訴外会社が、社員乙に対し、本件食材納入時に社員乙からの指示に基づいてリベート分を上乗せした価格で取引を行い、納入後の代金からリベート分を社員乙に渡すという形で本件手数料を支払っていた事実が判明しました。本件手数料の額は、平成13年4月期が609万9,000円、平成14年4月期が1,211万4,000円、平成15年4月期が1,507万3,000円、平成16年4月期が2,109万3,000円、平成17年4月期が2,226万6,000円（内乙受領分が1,982万7,000円、丙受領分が1,595万8,000円）、平成18年4月期が2,121万8,000円（内乙受領分が526万円、丙受領分が1,595万8,000円）でした。

(6)　S税務署長は、本件手数料を原告Xの収入であると認定した上で、本件手数料が原告Xの総勘定元帳の雑収入科目に計上されず、これによって得た資金を乙らが個人的に費消していたことを理由として、平成20年3月21日、原告Xの平成13年4月期以降の法人税にかかる青色申告の承認の取消処分、法人税および消費税等の更正、重加算税の賦課決定処分をしました。

―――――――――――――――― 判　　決 ――――――――――――――――

(1)　本件各処分は、本件手数料に係る収益が原告に帰属することを前提に、訴外乙らが本件手数料を横領したことを理由にしているものであるから、本件手数料に係る収益が原告に帰属したといえない場合には、訴外乙らによる横領はその前提を欠くこととなり、原告の訴外乙らに対する損害賠償請求権も発生しなくなる結果、原告には本件手数料相当額の益金等が生じないこととなる。

　　そして、収益の帰属について、法人税法11条が、法律上収益が帰属する者が単なる名義人であって、それ以外の者が実質的に収益を享受する場合に、その者を収益の帰属主体とする旨を定め、消費税法13条も同様の規定を設けている趣旨（実質所得者課税の原則）に鑑みれば、本件手数料に係る収益が原告に帰属するか否かの判断に当たっては、本件手数料を受領した訴外乙らの法律上の地位、権限について検討するとともに、訴外乙らを単なる名義人として実質的には原告が本件手数料を受領していると見ることができるか否かを検討することが相当である。

(2)　本件手数料は、訴外丁が、訴外乙らの指示に従って商品原価にリベート額を上乗せした額で本件食材を納入し、納入後に訴外会社が受領した代金からリベート相当額を訴外乙らに支払う形で交付されていた。

(3)　原告においては、本件食材の仕入れに関して入札制度を採用し、総務部仕入課仕入係が発注業務を担当しているため、調理場から直接納入業者に発注をすることは禁止されており、調理部調理課に所属する訴外乙らに仕入業者の選定権限や仕入金額の決定権限は付与されていなかった。なお、本件食材の仕入れに係る入札制度は、訴外会社以外の業者が入札しなくなったため、事実上行われなくなった。

(4)　原告においては、就業規則上、「会社の許可なく、職務上の地位を利用して、外部の者から金品等のもてなしを不当に受けた時」は解雇する旨の規定があるほか、訴外乙らを含む従業員にもリベートの受領が禁止されている旨が周知されていた。

(5)　訴外乙らは、訴外丁からリベートを受領するに際し、S市やF町等、の建物からは離れた所在地にある飲食店の、あまり人目につかないような場所で授受を行っていた。

(6)　訴外乙らは、受領した本件手数料を部下との食事会やコンペ等に費消していたほか、原告の指示なく、自らの判断でBにおける備品等の購入に充てていた。

(7)　原告は、Bの建物新築後の平成8年ころから本件各事業年度までに、売上げ減少が続く一方、金融機関に対する借入金返済の増加等もあって、経営成績が悪化し、損失を累積させて、資金繰りも困難な状況となったことから、金融機関との取引関係維持のために、役員報酬等のカットを含む大幅な経費削減を行いつつ、減価償却費の計上を一部にとどめるなどして対応してきた。

(8)　本件手数料は、原告における本件食材の仕入れに関して授受されていたものであるところ、原告における本件食材の仕入れに関しては入札制度が設けられていることや、仕入課仕入係に発注権限が存在しており、調理課に所属する訴外乙らには本件食材の発注権限がないことからすれば、訴外乙らが、本件食材の仕入れに関する決定権限を原告から与えられていたとは認められない。これらの事実に加え、原告においては、就業規則上もリベートの受領が禁止されており、訴外乙らを含む従業員にその旨周知されていたこと、訴外乙らは、訴外丁からリベートを受領する際、S市やF町等、Bの建物からは離れた所在地にある飲食店の、あまり人目につかないような場所で授受を行っていたことなどを併せ考えると、訴外乙らが、本件食材の仕入れに関して授受されていた本件手数料について、原告から法的な受領権限を与えられていたと認めることはできない。

(9)　そうすると、訴外乙らは、個人としての法的地位に基づき訴外丁から本件手数料を自ら受け取ったものと認められるところ、自己の判断により、受領した本件手数料を費消していたというのであるから、訴外乙らが単なる名義人として本件手数料を受領していたとは認め難い。

(10)　したがって、本件手数料に係る収益は原告に帰属するものとは認められない。

　　　以上を前提として、本件手数料に係る収益が原告に帰属しない以上、仮装、隠ぺいもその前提を欠くとして納税者勝訴の判決をしました。

第二段 ● 事実認定

# 解　説

　本件は、納税者の従業員らが、関係業者からリベートとして受領していた手数料が総勘定元帳の雑収入科目に計上されていなかったとして、青色申告承認の取消処分を行うとともに、本件手数料にかかる収益を益金の額に算入せず、納税者に属する手数料を費消して横領した従業員に対する損害賠償請求権の額を課税資産の譲渡等に算入せずに隠蔽又は仮装したとして青色申告の承認取消処分、法人税および消費税等の各更正処分等を行ったものです。

　争点は、①本件手数料に係る収益が原告に帰属するか否か、②本件手数料に係る収益が原告に帰属するとした場合、その額はいくらか、③原告による仮装、隠蔽行為の有無の3点でしたが、裁判所は、①において、本件手数料に係る収益は原告に帰属するものではない、と認定し、②③を判断するまでもなく、納税者勝訴判決をしました。

　裁判所が、本件手数料に係る収益が原告に帰属するものではないとした理由としては、訴外乙らが、本件食材の仕入れに関して授受されていた本件手数料について、原告から法的な受領権限を与えられていたと認めることはできないことから、訴外乙らは、個人としての法的地位に基づき訴外丁から本件手数料を自ら受け取ったものと認められる、としました。

　そして、訴外乙らが、本件食材の仕入れに関して授受されていた本件手数料について、原告から法的な受領権限を与えられていたと認めることはできないとした理由としては、①本件手数料は、原告における本件食材の仕入れに関して授受されていたものであるところ、原告における本件食材の仕入れに関しては入札制度が設けられていたこと、②仕入課仕入係に発注権限が存在しており、調理課に所属する訴外乙らには本件食材の発注権限がないことからすれば、訴外乙らが、本件食材の仕入れに関する決定権限を原告から与えられていたとは認められないこと、③原告においては、就業規則上もリベートの受領が

127

禁止されており、訴外乙らを含む従業員にその旨周知されていたこと、④訴外乙らは、訴外丁からリベートを受領する際、S市やF町等、Bの建物からは離れた所在地にある飲食店の、あまり人目につかないような場所で授受を行っていたこと、を挙げています。

---

### 納税者主張整理書面

### 納税者主張整理書面⑴

●●税務署長　御中

平成●年●月●日

納税者　　●●●　㊞
税務代理人税理士　●●●　㊞

　平成●年●月●日に開始された貴署による税務調査では、弊社の従業員らが、関係業者からリベートとして受領していた手数料が総勘定元帳の雑収入科目に計上されていなかったこと、および本件手数料にかかる収益を益金の額に算入せず、納税者に属する手数料を費消して横領した従業員に対する損害賠償請求権の額を課税資産の譲渡等に算入せずに隠蔽又は仮装した旨指摘されています。

　そこで、この点に関し、弊社の主張を整理させていただきます。

**第一　争　点**　ここで、まず何が争点となっているかを示します。

　貴署のご指摘は、全て、本件手数料にかかる収益が弊社に帰属することを前提とするものです。本件手数料にかかる収益が従業員個人に帰属するのであれば、ご指摘事項は解消することとなります。

　そこで、本件手数料にかかる収益が弊社に帰属するかどうかについて、以下のとおり主張を整理させていただきます。

## 第二　立証責任と証明度

　本件手数料にかかる収益が弊社に帰属することの立証責任を誰が負担するか、についてですが、立証責任については、「所得の存在及びその金額について決定庁が立証責任を負うことはいうまでもないところである」（最高裁昭和38年3月3日判決・訟月9巻5号668頁）とされていることから、貴署が立証責任を負担することとなります。

　これは、青色申告取消事由および重加算税の課税要件についても同様です。

　そこで、本件手数料にかかる収益が弊社に帰属することの立証責任を貴署にて立証する必要があることになります。

　また、貴署が立証責任を負担する事実が証明できたかどうかの「証明度」については、ルンバール事件最高裁判決は、次のように判示しています。

> ここで、立証責任を負担する者は、どの程度に事実を立証する必要があるのか、について、認識してもらいます。

　「訴訟上の因果関係の立証は、一点の疑義も許されない自然科学的証明ではなく、経験則に照らして全証拠を総合検討し、特定の事実が特定の結果発生を招来した関係を是認しうる高度の蓋然性を証明することであり、その判定は、通常人が疑を差し挟まない程度に真実性の確信を持ちうるものであることを必要とし、かつ、それで足りるものである。」（ルンバール事件最高裁昭和50年10月24日判決・民集29巻9号1417頁）

　そこで、「本件手数料にかかる収益が弊社に帰属すること」が「<u>通常人が疑を差し挟まない程度に真実性の確信を持ちうる程度に証明されたかどうか</u>」について、検討することとします。

## 第三　貴署の主張

　貴署が、本件手数料にかかる収益が弊社に帰属すると主張する理由は、以下のとおりです。

⑴　弊社において、本件食材に係る入札制度は機能しておらず、従業

員乙らが本件食材の納入業者の選定及び購入価格の決定に関して広範かつ包括的な権限を有していたこと。

⑵　Ｔ社が従業員乙らの地位や権限を見込んで本件手数料を支払っていることや、本件手数料の額が個人の受領する金額としては著しく高額であること。

⑶　弊社代表者による本件手数料受領に関する対応策が不十分であることや、弊社代表者の訴外乙らに対する発言などを根拠に、弊社代表者が、訴外乙らによる本件手数料の受領を黙認していたこと。

⑷　訴外乙らが本件手数料の一部を弊社の備品等の購入に充てていた事実があること。

⑸　訴外乙らの食材の仕入れに関する決定権限を根拠付ける事実として、訴外乙らが拡大役員会議等に出席していたこと。

### 第四　弊社の主張

⑴　弊社においては、本件食材の仕入れに関して入札制度を採用し、総務部仕入課仕入係が発注業務を担当しているため、調理場から直接納入業者に発注をすることは禁止されており、調理部調理課に所属する従業員乙らに仕入業者の選定権限や仕入金額の決定権限は付与されていませんでした。なお、本件食材の仕入れに係る入札制度は、訴外会社以外の業者が入札しなくなったため、事実上行われなくなっておりましたが、入札制度がなくなったわけではなく、仕入権限が従業員乙らに移ったわけではありません。

⑵　弊社においては、就業規則上、「会社の許可なく、職務上の地位を利用して、外部の者から金品等のもてなしを不当に受けた時」は解雇する旨の規定があるほか、訴外乙らを含む従業員にもリベートの受領が禁止されている旨が周知されています。

⑶　乙らは、丁からリベートを受領するに際し、Ｓ市やＦ町等、の建物からは離れた所在地にある飲食店の、あまり人目につかないような場所で授受を行っており、弊社は認識しておりませんでした。

⑷　乙らは、受領した本件手数料を部下との食事会やコンペ等に費消

第二段 ● 事実認定

していたほか、弊社の指示なく、自らの判断でBにおける備品等の購入に充てていました。

(5) 弊社は、Bの建物新築後の平成8年ころから本件各事業年度までに、売上げ減少が続く一方、金融機関に対する借入金返済の増加等もあって、経営成績が悪化し、損失を累積させて、資金繰りも困難な状況となったことから、金融機関との取引関係維持のために、役員報酬等のカットを含む大幅な経費削減を行いつつ、減価償却費の計上を一部にとどめるなどして対応してきました。したがって、収入の計上を漏らす理由がありません。

(6) 以上より、乙らが、本件食材の仕入れに関して授受されていた本件手数料について、原告から法的な受領権限を与えられていたと認めることはできません。

(7) そうすると、乙らは、個人としての法的地位に基づき訴外丁から本件手数料を自ら受け取ったものと認められるところ、自己の判断により、受領した本件手数料を費消していたというのですから、訴外乙らが弊社の単なる名義人として本件手数料を受領していたとは認められないと考えます。

(8) 以上の事実を前提とすると、本件手数料が弊社に帰属することについて、<u>通常人が疑を差し挟まない程度に真実性の確信を持ちうる程度に証明された、</u>とは言えないものと考えます。

以上の点をご考慮いただき、再度ご検討をお願い申し上げる次第です。

以上

> 証拠を添付すれば課税庁が読みながら証拠を参照することができます。

【証拠】

証拠1　確定申告書写し

証拠2　預金通帳写し

証拠3　就業規則

証拠4　発注に関する規則

証拠5　拡大役員会議議事録

証拠6　陳述書

第 Ⅴ 章　税務調査における法的七段論法

証拠7　陳述書
証拠8　陳述書

> 関係者の陳述書を添付することも検討します。そうすれば、課税庁は、訴訟になった時は、証人として反対証言をすることを予想することになります。

# 2 社会通念

　事実認定は、社会通念に従って行われます。過去の裁判例で、社会通念に従った事実認定をすることにより、課税庁の行った事実認定の誤りを指摘した裁判例があります。

## 課税庁の行った事実認定の誤りを指摘した事例

東京地裁平成24年6月21日判決・判時2231号20頁

───── 事　案 ─────

(1)　亡乙は、平成19年3月16日に死亡しました。相続人は、長男である原告X、次男、三男の3名でした。相続財産のうちに、本件敷地があり、本件敷地は、原告Xが単独で取得する旨の遺産分割協議が平成19年12月16日に成立しました。

(2)　原告Xは、平成20年1月10日に、本件敷地は非課税財産であることを前提に相続税額を計算し、相続税の申告書を提出しましたが、その後、同年11月25日に計算の誤りがあったとして、更正の請求をしました。

(3)　課税庁は、平成21年3月11日、原告Xに対し、本件更正請求の一部は認容して相続税額を減額したものの、本件敷地は相続税法第12条1項2号の非課税財産に当たらないとして、相続税の課税財産に加算した上で、相続税額を減額する更正を行いました。

(4)　本件敷地は、南側に石造りの鳥居、東側に稲荷の祠（神棚及び9体の稲荷が収められており、賽銭箱や燭台等も配置されている）、西側に弁

132

財天の祠（弁財天が2体祀られ、燭台や鉢等も配置されている）がそれぞれコンクリートの土台の上に設置され、鳥居から本件各祠までは石造りの参道が敷設され、本件敷地のほぼ全体に砂利が敷き詰められていました。

(5) 相続税法12条第1項は、「次に掲げる財産の価額は、相続税の課税価格に算入しない。」と規定し、その2号は、「墓所、霊びょう及び祭具並びにこれらに準ずるもの」としています。

(6) また、相続税法基本通達12−2は、「法第12条第1項第2号に規定する『これらに準ずるもの』とは、庭内神し、神たな、神体、神具、仏壇、位はい、仏像、仏具、古墳等で日常礼拝の用に供しているものをいうのであるが、商品、骨とう品又は投資の対象として所有するものはこれに含まれないものとする。」としています。

―――――――――― 判　　決 ――――――――――

(1) 本件非課税規定にいう「これらに準ずるもの」の意義を検討すると、「これらに準ずるもの」とは、その文理からすると、「墓所」、「霊びょう」及び「祭具」には該当しないものの、その性質、内容等がおおむね「墓所、霊びょう及び祭具」に類したものをいうと解され、さらに、相続税法12条1項2号が、上記のとおり祖先祭祀、祭具承継といった伝統的感情的行事を尊重し、これらの物を日常礼拝の対象としている民俗又は国民感情に配慮する趣旨から、あえて「墓所、霊びょう又は祭具」と区別して「これらに準ずるもの」を非課税財産としていることからすれば、截然と「墓所、霊びょう又は祭具」に該当すると判断することができる直接的な祖先祭祀のための設備・施設でなくとも、当該設備・施設（以下、設備ないし施設という意味で「設備」という。）を日常礼拝することにより間接的に祖先祭祀等の目的に結びつくものも含むものと解される。そうすると、「これらに準ずるもの」には、庭内神し（これは、一般に、屋敷内にある神の社や祠等といったご神体を祀り日常礼拝の用に供されているものをいい、ご神体とは不動尊、地蔵尊、道祖神、庚申塔、稲荷等で特定の者又は地域住民等の信仰の対象とされているものをいう。）、神たな、神体、神具、仏壇、位はい、仏像、仏具、古墳等で日常礼拝の用に

第 **V** 章　税務調査における法的七段論法

供しているものであって、商品、骨とう品又は投資の対象として所有するもの以外のものが含まれるものと解される（したがって、基本通達12－2は、これと同旨の解釈基準を示すものとして相当である。）。

　本件各祠は、少なくとも庭内神しに該当するのであるから、本件非課税規定にいう「これらに準ずるもの」に該当することは明らかであり、この点について当事者間に争いはない。

(2)　確かに、庭内神しとその敷地とは別個のものであり、庭内神しの移設可能性も考慮すれば、敷地が当然に「これらに準ずるもの」に含まれるということはできない。しかし、上記で説示した本件非課税規定の趣旨並びに「墓所」及び「霊びょう」の解釈等に鑑みれば、庭内神しの敷地のように庭内神し等の設備そのものとは別個のものであっても、そのことのみを理由としてこれを一律に「これらに準ずるもの」から排除するのは相当ではなく、当該設備とその敷地、附属設備との位置関係や当該設備の敷地への定着性その他それらの現況等といった外形や、当該設備及びその附属設備等の建立の経緯・目的、現在の礼拝の態様等も踏まえた上での当該設備及び附属設備等の機能の面から、当該設備と社会通念上一体の物として日常礼拝の対象とされているといってよい程度に密接不可分の関係にある相当範囲の敷地や附属設備も当該設備と一体の物として「これらに準ずるもの」に含まれるものと解すべきである。

　したがって、本件敷地についても、庭内神しである本件各祠との位置関係や現況等の外形及び本件各祠等の機能の面から、本件各祠と社会通念上一体の物として日常礼拝の対象とされているといってよい程度に密接不可分の関係にある相当範囲の敷地であるか否かを検討すべきである

(3)　本件敷地及び本件各祠の位置関係及び現況等によれば、本件各祠は、庭内神しに該当するところ、本件敷地は、①本件各祠がコンクリート打ちの土台により固着されてその敷地となっており、しかも本件各祠のみが存在しているわけではなく、その附属設備として石造りの鳥居や参道が設置され、砂利が敷き詰められるなど、外形上、小さな神社の境内地の様相を呈しており、②本件各祠やその附属設備（鳥居は原告の父の代には既に存在していた。）は、建立以来、本件敷地から移設されたこともなく、その建立の経緯をみても、本件敷地を非課税財産とする目的で

これらの設備の建立がされたというよりは、真に日常礼拝の目的で本件各祠やその附属設備が建立されたというべきであるし、祭事にはのぼりが本件敷地に立てられ、現に日常礼拝・祭祀の利用に直接供されるなど、その機能上、本件各祠、附属設備及び本件敷地といった空間全体を使用して日常礼拝が行われているといえる（例えば、仏壇や神たな等だけが置かれていて、当該敷地全体や当該家屋部分全体が祖先祭祀や日常礼拝の利用に直接供されていない単なる仏間のようなものとは異なるといえよう。）。

　このような本件各祠及び本件敷地の外形及び機能に鑑みると、本件敷地は、本件各祠と社会通念上一体の物として日常礼拝の対象とされているといってよい程度に密接不可分の関係にある相当範囲の敷地ということができる。

以上からすると、本件敷地は、本件非課税規定にいう「これらに準ずるもの」に該当するということができる。

　以上のとおり判示して、納税者勝訴の判決をしました。

## 解　説

　本件は、相続財産のうちに、敷地があり、その敷地上に、石造りの鳥居、稲荷の祠、弁財天の祠が設置されていたところ、その敷地を相続した相続人が、当該敷地を相続税法12条1項2号の「これらに準ずるもの」に該当する非課税財産として相続税の申告をしたところ、課税庁から、当該敷地は非課税財産にあたらない、とされたものです。

　相続税法12条1項は、「次に掲げる財産の価額は、相続税の課税価格に算入しない。」と規定し、その2号は、「墓所、霊びょう及び祭具並びにこれらに準ずるもの」としています。

　また、相続税法基本通達12-2は、「法第12条第1項第2号に規定する『これらに準ずるもの』とは、庭内神し、神たな、神体、神具、仏壇、位はい、仏像、仏具、古墳等で日常礼拝の用に供しているものをいうのであるが、商品、骨とう品又は投資の対象として所有するも

のはこれに含まれないものとする。」としています。

　裁判所は、「これらに準ずるもの」といえるかどうかの判断は、非課税規定の趣旨並びに「墓所」及び「霊びょう」の解釈等に鑑み、当該設備とその敷地、附属設備との位置関係や当該設備の敷地への定着性その他それらの現況等といった外形や、当該設備及びその附属設備等の建立の経緯・目的、現在の礼拝の態様等も踏まえた上での当該設備及び附属設備等の機能の面から、当該設備と社会通念上一体の物として日常礼拝の対象とされているといってよい程度に密接不可分の関係にある相当範囲の敷地や附属設備も当該設備と一体の物として「これらに準ずるもの」に含まれるものと解すべきであるとしました。

　そして、社会通念に基づく事実認定として、本件敷地を「これらに準ずるもの」と認定し、納税者勝訴の判決をしました。

## 納税者主張整理書面

　税務調査において、納税者と課税庁との間で、事実認定に相違が生じた場合に提出する「納税者主張整理書面」です。事実認定は、「社会通念」に従って行われることになりますが、課税庁が形式的に事実を認定し、「社会通念」に従って事実を認定していない、と判断できる場合に提出することになります。

　課税庁の行う事実認定に、別の角度から光を当てることにより、事実認定の再検討を促すことになります。

# 納税者主張整理書面(1)

●●税務署長　御中

平成●年●月●日

納税者　　　　　　●●●　㊞
税務代理人税理士　　●●●　㊞

　平成●年●月●日に開始された貴署による税務調査では、私が平成20年1月10日に提出した相続税にかかる更正の請求書において相続税法12条1項2号の非課税財産として記載した敷地について、非課税財産ではない、と指摘されています。
　そこで、この点に関し、私の主張を整理させていただきます。

## 第一　貴署の主張
　貴署の主張は、次のとおりです。
⑴　庭内神しについては、日常礼拝の対象となっているのは、ご神体及びそれを祀る建物としての庭内神しそのものであって、その敷地は含まないから、庭内神しの敷地については、「これらに準ずるもの」には該当しない。
⑵　本件各祠は、①弁財天及び②稲荷を祀っているものにすぎず、祖先の遺体や遺骨を葬っている設備ではない上、①弁財天は、音楽・弁才・財福等をつかさどる女神で、日本において古来から信仰されてきた七福神の一つであるという一般的理解からすると、原告が主張するような原告の先祖の女性の霊を祀ったものとはいい難いし、また、②稲荷も、五穀をつかさどる倉稲魂を祀るものであるという一般的理解からすると、相続人一族の守護霊を祀ったものとの理解は整合しない。そうすると、本件各祠は、祖先の霊を祀る設備とはいえず、「墓所、霊びょう」には該当しないし、祖先の祭祀、礼拝の

用に供されているわけでもないから、「庭内神し」や「神たな」のように、日常礼拝の用に供されている財産として本件非課税規定にいう「これらに準ずるもの」に該当するにすぎない。

　そして、日常礼拝の対象となっているのは、本件各祠それ自体であって、その敷地ではなく、「墓所、霊びょう」が祖先の遺体や遺骨を葬り、祖先に対する礼拝の対象となっていることと比較して、両者は性格を異にしているし、非課税財産とされている理由も異なるといえる。

　また、「これらに準ずるもの」の解釈に関する基本通達12－2も、「墓所、霊びょう」の解釈に関する基本通達12－1のように、「これらのものの尊厳の維持に要する土地その他の物件をも含むものとして取り扱うものとする。」とまで定めていないことからも、本件各祠の敷地は、「これらに準ずるもの」に当たらず、非課税財産に含まれないと解される。

### 第二　法律解釈

(1)　確かに、庭内神しとその敷地とは別個のものであり、庭内神しの移設可能性も考慮すれば、敷地が当然に「これらに準ずるもの」に含まれるということはできません。しかし、本件非課税規定の趣旨並びに「墓所」及び「霊びょう」の解釈等に鑑みれば、庭内神しの敷地のように庭内神し等の設備そのものとは別個のものであっても、そのことのみを理由としてこれを一律に「これらに準ずるもの」から排除するのは相当ではなく、当該設備とその敷地、附属設備との位置関係や当該設備の敷地への定着性その他それらの現況等といった外形や、当該設備及びその附属設備等の建立の経緯・目的、現在の礼拝の態様等も踏まえた上での当該設備及び附属設備等の機能の面から、当該設備と社会通念上一体の物として日常礼拝の対象とされているといってよい程度に密接不可分の関係にある相当範囲の敷地や附属設備も当該設備と一体の物として「これらに準ずるもの」に含まれるものと解すべきです。

第二段 ● 事実認定

　したがって、本件敷地についても、庭内神しである本件各祠との位置関係や現況等の外形及び本件各祠等の機能の面から、本件各祠と社会通念上一体の物として日常礼拝の対象とされているといってよい程度に密接不可分の関係にある相当範囲の敷地であるか否かを検討すべきであると考えます。

## 第三　立証責任と証明度

　次に、「庭内神しである本件各祠との位置関係や現況等の外形及び本件各祠等の機能の面から、本件各祠と社会通念上一体の物として日常礼拝の対象とされているといってよい程度に密接不可分の関係にある相当範囲の敷地」であるかどうかの立証責任を誰が負担するか、について検討します。

　この点についての立証責任については、「所得の存在及びその金額について決定庁が立証責任を負うことはいうまでもないところである」（最高裁昭和38年3月3日判決・訟月9巻5号668頁）とされていることから、貴署が立証責任を負担することとなります。

　そこで、本件では、「庭内神しである本件各祠との位置関係や現況等の外形及び本件各祠等の機能の面から、本件各祠と社会通念上一体の物として日常礼拝の対象とされているといってよい程度に密接不可分の関係にある相当範囲の敷地ではないこと」を貴署にて立証する必要があることになります。

> ここで、立証責任を負担する者は、どの程度に事実を立証する必要があるのか、について、認識してもらいます。

　また、貴署が立証責任を負担する事実が証明できたかどうかの「証明度」については、ルンバール事件最高裁判決は、次のように判示しています。

　「訴訟上の因果関係の立証は、一点の疑義も許されない自然科学的証明ではなく、経験則に照らして全証拠を総合検討し、特定の事実が特定の結果発生を招来した関係を是認しうる高度の蓋然性を証明するこ

とであり、その判定は、通常人が疑を差し挟まない程度に真実性の確信を持ちうるものであることを必要とし、かつ、それで足りるものである。」（ルンバール事件最高裁昭和50年10月24日判決・民集29巻9号1417頁）

　そこで、「庭内神しである本件各祠との位置関係や現況等の外形及び本件各祠等の機能の面から、本件各祠と社会通念上一体の物として日常礼拝の対象とされているといってよい程度に密接不可分の関係にある相当範囲の敷地ではないこと」が「<u>通常人が疑を差し挟まない程度に真実性の確信を持ちうる程度に証明された</u>かどうか」について、検討することとします。

### 第六　納税者の主張

(1)　本件敷地及び本件各祠の位置関係及び現況等によれば、本件各祠は、庭内神しに該当するところ、本件敷地は、①本件各祠がコンクリート打ちの土台により固着されてその敷地となっており、しかも本件各祠のみが存在しているわけではなく、その附属設備として石造りの鳥居や参道が設置され、砂利が敷き詰められるなど、外形上、小さな神社の境内地の様相を呈しており、②本件各祠やその附属設備（鳥居は原告の父の代には既に存在していた。）は、建立以来、本件敷地から移設されたこともなく、その建立の経緯をみても、本件敷地を非課税財産とする目的でこれらの設備の建立がされたというよりは、真に日常礼拝の目的で本件各祠やその附属設備が建立されたというべきでありますし、祭事にはのぼりが本件敷地に立てられ、現に日常礼拝・祭祀の利用に直接供されるなど、その機能上、本件各祠、附属設備及び本件敷地といった空間全体を使用して日常礼拝が行われているといえます（例えば、仏壇や神たな等だけが置かれていて、当該敷地全体や当該家屋部分全体が祖先祭祀や日常礼拝の利用に直接供されていない単なる仏間のようなものとは異なるといえるでしょう。）。

(2)　このような本件各祠及び本件敷地の外形及び機能に鑑みると、本

第二段 ● 事実認定

件敷地は、本件各祠と社会通念上一体の物として日常礼拝の対象とされているといってよい程度に密接不可分の関係にある相当範囲の敷地ということができると考えます。

　以上からすると、本件敷地が、「庭内神しである本件各祠との位置関係や現況等の外形及び本件各祠等の機能の面から、本件各祠と社会通念上一体の物として日常礼拝の対象とされているといってよい程度に密接不可分の関係にある相当範囲の敷地ではないこと」であることについて、<u>通常人が疑を差し挟まない程度に真実性の確信を持ちうる程度に証明された、</u>とは言えないものと考えます。

⑶　以上の点をご考慮いただき、再度ご検討をお願い申し上げる次第です。

以上

> 証拠を添付すれば課税庁が読みながら証拠を参照することができます。

【証拠】

証拠１　公図写し

証拠２　敷地図面

証拠３　写真報告書

証拠４　祖先祭祀に関する書籍写し

証拠５　古文書写し

証拠６　陳述書

証拠７　陳述書

> 　関係者の陳述書を添付することも検討します。そうすれば、課税庁は、訴訟になった時は、証人として反対証言をすることを予想することになります。

第 **V** 章　税務調査における法的七段論法

# **3** 動かし難い事実

　裁判官が訴訟において事実認定をする時には、事件の中で「動かし難い核となる事実」をいくつか見つけて、それらを有機的につないでいって、重要な事実関係が、いわば仮説として構成されていく。その過程で、その仮説では証明できない証拠が動かし難いものとして出てきたときは、その仮説をご破算にして新しい目で見直してみる、という方法をとります。

　したがって、税務調査において、納税者の税務処理を否認して、課税要件事実に該当する事実を主張した場合には、その事実と矛盾する「動かし難い核となる事実」を主張することで、課税庁に再考を促すことができます。

## 「動かし難い核となる事実」を元に課税処分を取り消した事例
### 東京地裁平成25年10月31日判決（TAINS　Z263-12326）

――――――――――――――― **事　案** ―――――――――――――――

⑴　原告Xは、父が代表取締役であるA社の株式9万株（本件株式）を所有していました。

⑵　A社は、平成19年3月、取締役会において、本件株式をグループ会社であるB社らに譲渡することを承認し、B社らは取得代金相当額を原告名義の預金口座に入金し、原告口座に入金した本件金員を、それぞれの当座預金に係る総勘定元帳において、原告からの本件株式の取得代金に係る出金として処理をしました。

⑶　また、A社は、平成17年4月1日ないし平成18年3月31日の事業年度分の法人税の確定申告書の別表二「同族会社の判定に関する明細書」の「判定基準となる株主等の株式数等の明細」欄に、原告が9万株を保

有する株主である旨の記載をしていましたが、同年4月1日ないし平成19年3月31日の事業年度分の法人税の確定申告書別表二「同族会社等の判定に関する明細書」の「判定基準となる株主等の株式数等の明細」欄にかかる記載をせず、代わってB社らがそれぞれ保有する株主である旨の記載をしました。

(4) B社らは、平成18年6月1日ないし平成19年5月31日の事業年度分の法人税の確定申告書に添付された「決算報告書（第75期)」に、本件株式を保有している旨の記載をしました。

(5) 課税庁は、上記取締役会議事録や経理処理の状況、各確定申告書の記載などから、原告が株式を譲渡した収入があると認定し、原告の平成19年分所得税の申告には株式に係る譲渡所得の申告漏れがあるとして更正及び過少申告加算税の賦課決定処分をしました。

(6) 原告Xは、譲渡所得とされている金員（以下「本件金員」という。）は、原告の父である乙又は乙が代表取締役を務めていた複数の株式会社に対する原告の預け金（以下「本件預け金」という。）が原告に返還されたものであり、原告に本件金員に係る所得は発生していないとして、本件更正処分及び本件賦課決定処分の取消しを求めました。

──────── **判　　決** ────────

(1) 譲渡所得とは、資産の譲渡による所得をいい（所得税法33条1項）、非販売用の土地や本件で問題となっている有価証券の譲渡益がその例として挙げられるところ、その本質は、キャピタルゲイン、すなわち所有資産の価値の増加益であって、譲渡所得に対する課税は、資産が譲渡によって所有者の手を離れるのを契機に、その所有期間中の増加益を清算して課税しようとするものである。

(2) 課税の対象が私法上の行為それ自体ではなく、私法上の行為によって生じた経済的成果……である場合には、その原因となる私法上の行為に錯誤等の何らかの瑕疵があっても、経済的成果が現に発生していると認められる限り、課税要件は充足され、課税は妨げられないと解するべきである（この場合に、後に原因たる行為の瑕疵を理由として経済的成果が失われた場合には、更正の問題となる。）。しかしながら、原因たる行

第 **V** 章　税務調査における法的七段論法

為が何ら存在しないにもかかわらず、そのような行為が存在するかのような外観が作出されたにとどまる場合には、上記のようにいう前提を欠くことになるし、原因たる行為が譲渡者とされる本人が全く関与しないままにされた無権代理行為である場合には、本人において原因たる行為の存在及びこれに基づく財貨の移動の存在すら認識していない場合が多いから、原因たる行為（本件でいえば、譲渡）に基づく本人への財貨の移動があり、本人に原因たる行為（譲渡）による経済的成果が発生・帰属していることが明確に認められるか、又は、本人がこれを追認するなどの事情がない限り、原因たる行為（譲渡）による所得を肯定することはできない。

(3)　原告Xは、B社の経理担当役員から、本件株式の譲渡を提案されたものの、これを明確に拒否しているのであって、その後にBグループと原告との間で本件株式の譲渡に関する交渉が行われた形跡はない。また、……本件金員の入金や原告S口座、原告M口座及び原告M定期口座における平成19年6月頃までの本件金員の入出金は、原告の関与しない状況の下で行われていたものである。さらに、……本件株式の売買契約が多額の株式を対象とするものであるにもかかわらず、何ら売買契約書等の書類が作成されていないことや、……原告が一貫して本件株式を譲渡していないと主張し、A社に対して原告が本件株式を保有する株主であることの確認を求める本件前訴を提起し、本件前訴において原告とB社グループとの間で本件株式の売買契約が存在しなかった旨の和解が成立していることにも鑑みれば、原告とB社らとの間で本件株式の売買契約が有効に成立していると認めることはできない。

　以上のとおり判示し、国の主張する譲渡所得の前提となる本件株式の売買契約の存在を否定し、納税者勝訴の判決をしました。

**解　説**

　本件は、納税者が有していた株式9万株について、納税者が関与しないところで株式譲渡承認の取締役決議がなされ、かつ、譲渡代金相当額が振り込まれ、その後、当該会社や取得したとされる会社の確定

申告書に譲渡を前提とした記載がされていた事案で、課税庁は、それら外観から、株式の譲渡がされたと認定して、納税者に対し、更正及び過少申告加算税の賦課決定処分をした事案です。

　裁判所は、A社株式の売買契約がされたかどうかについて、原告Xが、A社に対して原告が本件株式を保有する株主であることの確認を求める本件前訴を提起し、本件前訴において原告とB社グループとの間で本件株式の売買契約が存在しなかった旨の和解が成立していることなど、株式の売買と矛盾する動かし難い事実を挙げた上で、売買契約の存在が立証されたとはいえないとして、納税者勝訴判決をしました。

## 納税者主張整理書面

　裁判官が訴訟において事実認定をする時には、事件の中で「動かし難い核となる事実」をいくつか見つけて、それらを有機的につないでいって、重要な事実関係が、いわば仮説として構成されていく、その過程で、その仮説では証明できない証拠が動かし難いものとして出てきたときは、その仮説をご破算にして新しい目で見直してみる、という方法をとります。

　したがって、税務調査において、納税者の税務処理を否認して、課税要件事実に該当する事実を主張した場合には、その事実と矛盾する「動かし難い核となる事実」を強調した「納税者主張整理書面」を作成することになります。

# 納税者主張整理書面(1)

●●税務署長　御中

平成●年●月●日

納税者　　　　●●●　㊞
税務代理人税理士　●●●　㊞

　平成●年●月●日に開始された貴署による税務調査では、私の平成19年分所得税の確定申告には株式に係る譲渡所得の申告漏れがある、と指摘されています。

　そこで、この点に関し、私の主張を整理させていただきます。

## 第一　立証責任と証明度

　本件では、私が、平成19年3月に、A社の株式9万株をB社らに売却したかどうかが問題となっています。そこで、「私とB社らとの間で、平成19年3月に本件株式に係る売買契約が締結された」という事実に関し、立証責任を誰が負担するか、について検討します。

　この点についての立証責任については、「所得の存在及びその金額について決定庁が立証責任を負うことはいうまでもないところである」(最高裁昭和38年3月3日判決・訟月9巻5号668頁)とされていることから、貴署が立証責任を負担することとなります。

　そこで、本件では、「私とB社らとの間で、平成19年3月に本件株式に係る売買契約が締結された」を貴署にて立証する必要があることになります。

　また、貴署が立証責任を負担する事実が証明できたかどうかの「証明度」については、ルンバール事件最高裁判決は、次のように判示しています。

　「訴訟上の因果関係の立証は、一点の疑義も許されない自然科学的証

明ではなく、経験則に照らして全証拠を総合検討し、特定の事実が特定の結果発生を招来した関係を是認しうる高度の蓋然性を証明することであり、その判定は、通常人が疑を差し挟まない程度に真実性の確信を持ちうるものであることを必要とし、かつ、それで足りるものである。」（ルンバール事件最高裁昭和50年10月24日判決・民集29巻9号1417頁）

　そこで、「私とB社らとの間で、平成19年3月に本件株式に係る売買契約が締結された」ことが「通常人が疑を差し挟まない程度に真実性の確信を持ちうる程度に証明されたかどうか」について、検討することとします。

### 第一　貴署の主張

　貴署の主張は、次のとおりです。

⑴　A社は、平成19年3月、取締役会において、私が本件株式をグループ会社であるB社らに譲渡することを承認し、B社らは取得代金相当額を原告名義の預金口座に入金し、私の口座に入金した。

⑵　B社らは、本件金員を、それぞれの当座預金に係る総勘定元帳において、私からの本件株式の取得代金に係る出金として処理をした。

⑶　また、A社は、平成17年4月1日ないし平成18年3月31日の事業年度分の法人税の確定申告書の別表二「同族会社の判定に関する明細書」の「判定基準となる株主等の株式数等の明細」欄に、私が9万株を保有する株主である旨の記載をしていたが、同年4月1日ないし平成19年3月31日の事業年度分の法人税の確定申告書別表二「同族会社等の判定に関する明細書」の「判定基準となる株主等の株式数等の明細」欄にかかる記載をせず、代わってB社らがそれぞれ保有する株主である旨の記載をした。

⑷　B社らは、平成18年6月1日ないし平成19年5月31日の事業年度分の法人税の確定申告書に添付された「決算報告書（第75期）」に、本件株式を保有している旨の記載をした。

## 第六　私の主張

(1)　私は、Ｂ社の経理担当役員から、本件株式の譲渡を提案されたものの、これを明確に拒否しており、その後にＢグループと私との間で本件株式の譲渡に関する交渉が行われた形跡はありません。

(2)　本件金員の入金や原告Ｓ口座、原告Ｍ口座及び原告Ｍ定期口座における平成19年６月頃までの本件金員の入出金は、私の関与しない状況の下で行われていたものです。

(3)　本件株式の売買契約が多額の株式を対象とするものであるにもかかわらず、何ら売買契約書等の書類が作成されていないのは、不自然です。

(4)　私は、一貫して本件株式を譲渡していないと主張し、Ａ社に対して原告が本件株式を保有する株主であることの確認を求める本件前訴を提起し、本件前訴において原告とＢ社グループとの間で本件株式の売買契約が存在しなかった旨の和解が成立しています。

(5)　特に、この訴訟の事実については、私が本件株式をＢ社らに譲渡した事実と明らかに矛盾する動かし難い事実です。貴署が、この動かし難い事実を本件株式売買と矛盾しないよう合理的に説明しうる立証をしない限り、私とＢ社らとの間で本件株式の売買契約が有効に成立しているとの立証が成功したことにはならないものと考えます。

(6)　以上より、「私とＢ社らとの間で、平成19年３月に本件株式に係る売買契約が締結された」ことについて、<u>通常人が疑を差し挟まない程度に真実性の確信を持ちうる程度に証明された、</u>とは言えないものと考えます。

(7)　以上の点をご考慮いただき、再度ご検討をお願い申し上げる次第です。

以上

> 証拠を添付すれば課税庁が読みながら証拠を参照することができます。

【証拠】

証拠１　訴訟資料

証拠2　預金通帳写し

証拠3　電子メール写し

証拠4　陳述書

証拠5　陳述書

　関係者の陳述書を添付することも検討します。そうすれば、課税庁は、訴訟になった時は、証人として反対証言をすることを予想することになります。

第　Ｖ　章　税務調査における法的七段論法

## 第三段　法適用（当てはめ）

　第三段は、「法適用」（当てはめ）です。課税庁の法律解釈が正しく、また、事実認定が正しいことを前提として、「それでも、本件事案に適用すべきではない」と主張する場合における「納税者主張整理書面」です。

### 課税庁が「法適用」（当てはめ）を誤った事例

最高裁平成27年6月12日判決・判時2273号62頁（TAINS　Z265-12678）

―――――――――　事　案　―――――――――

⑴　Ａ有限会社は、平成12年11月30日、外国法人であるＢとの間で、自らを匿名組合員、同法人を営業者として（以下「本件営業者」といいます。）、本件営業者が外国の航空会社に航空機をリースする事業（以下「本件リース事業」といいます。）を営むために自らが出資をする旨の匿名組合契約（以下「本件匿名組合契約」といいます。）を締結しました。

⑵　Ａ有限会社は、平成13年3月1日、その有する本件匿名組合契約上の匿名組合員の地位のうち亡甲のＡ有限会社の出資額中に占める割合に相当する部分を甲に譲渡し、本件営業者が承諾したことから、平成12年11月30日に遡って本件匿名組合契約上の匿名組合員の地位を取得しました。

⑶　本件匿名組合契約及び本件地位譲渡契約に係る各契約書には、①本件リース事業につき各計算期間（毎年10月1日から翌年9月30日まで）に本件営業者に生ずる利益又は損失は匿名組合員の出資割合に応じて分配される旨が記載されている一方、②本件リース事業は本件営業者がその単独の裁量に基づいて遂行するものであり、匿名組合員は本件リース事業の遂行及び運営に対していかなる形においても関与したり影響を及ぼすことができず、③本件営業者は自らが適当と判断する条件で本件

150

リース事業の目的を達成するために必要又は有益と思われる契約を締結するなどの行為を行うことができる旨が記載されている。そして、上記の各契約書には、匿名組合員に本件営業者の営む本件リース事業に係る重要な意思決定に関与するなどの権限が付与されていることをうかがわせる記載はなく、また、本件営業者と甲との間で、甲にそのような権限を付与する旨の合意がされたこともありませんでした。

(4) 本件リース事業については、平成14年10月1日から同17年9月30日までの各計算期間に本件営業者に損失が生じ、各計算期間の末日である同15年9月30日、同16年9月30日及び同17年9月30日の各時点において、甲の出資割合に応じた金額が同人への損失の分配としてそれぞれ計上されました。甲は、上記のとおり本件匿名組合契約に基づく同人への損失の分配として計上された金額につき、これを所得税法26条1項に定める不動産所得に係る損失に該当するものとして他の所得の金額から控除して税額を算定した上で、平成16年3月15日、同17年3月15日及び同18年3月10日、平成15年分から同17年分までの所得税の各確定申告をしました（以下「本件各申告」といいます。）。

(5) T税務署長は、平成19年2月22日、上記の計上された金額は不動産所得に係る損失に該当せず、上記のような損益通算をすることはできないなどとして、上記各年分の所得税につき更正及び過少申告加算税の賦課決定をしました。

(6) 匿名組合契約に基づき匿名組合員が営業者から受ける利益の分配に係る所得区分について、①平成17年12月26日付け課個2-39ほかによる改正（以下「平成17年通達改正」という。）前の所得税基本通達36・37共-21（以下「旧通達」という。）においては、原則として、営業者の営む事業の内容に従い事業所得又はその他の各種所得に該当するものとされ、例外として、営業の利益の有無にかかわらず一定額又は出資額に対する一定割合により分配を受けるものは、貸金の利子と同視し得るものとして、その出資が匿名組合員自身の事業として行われているか否かに従って事業所得又は雑所得に該当するものとされていましたが、②平成17年通達改正後の所得税基本通達36・37共-21（以下「新通達」といいます。）においては、原則として、雑所得に該当するものとされ、例

第 **V** 章　税務調査における法的七段論法

外として、匿名組合員が当該契約に基づいて業者の営む事業に係る重要
な業務執行の決定を行っているなど当該事業を営業者と共に営んでいる
と認められる場合には、当該事業の内容に従い事業所得又はその他の各
種所得に該当するものとされていました。

──────────── **判　　決** ────────────

(1)　匿名組合契約に基づき匿名組合員が営業者から受ける利益の分配に係
　る所得区分は、……匿名組合員が実質的に営業者と共同して事業を営む
　者としての地位を有するものと認められる場合には、営業者の営む事業
　の内容に従って判断されるべきものと解され、他方、匿名組合員がこの
　ような地位を有するものと認められない場合には、営業者の営む事業の
　内容にかかわらず、匿名組合員にとってその所得が有する性質に従って
　判断されるべきものと解される。そして、後者の場合における所得は、
　……営業者の営む事業への投資に対する一種の配当としての性質に鑑み
　ると、その出資が匿名組合員自身の事業として行われているため事業所
　得となる場合を除き、所得税法23条から34条までに定める各所得のい
　ずれにも該当しないものとして、同法35条1項に定める雑所得に該当す
　るものというべきである。

(2)　したがって、匿名組合契約に基づき匿名組合員が営業者から受ける利
　益の分配に係る所得は、当該契約において、匿名組合員に営業者の営む
　事業に係る重要な意思決定に関与するなどの権限が付与されており、匿
　名組合員が実質的に営業者と共同して事業を営む者としての地位を有す
　るものと認められる場合には、当該事業の内容に従って事業所得又はそ
　の他の各種所得に該当し、それ以外の場合には、当該事業の内容にかか
　わらず、その出資が匿名組合員自身の事業として行われているため事業
　所得となる場合を除き、雑所得に該当するものと解するのが相当である。
　新通達は、その内容に照らし、これと同旨をいうものと解される。

(3)　これを本件についてみるに、……本件匿名組合契約において甲に本件
　リース事業に係る重要な意思決定に関与するなどの権限を付与する旨の
　合意があったということはできず、甲が実質的に本件営業者と共同して
　本件リース事業を営む者としての地位を有するものと認めるべき事情は

うかがわれない。そして、本件匿名組合契約においてその出資が甲自身の事業として行われていると認めるべき事情もうかがわれないから、その所得は雑所得に該当するものというべきである。したがって、甲の本件各申告において本件匿名組合契約に基づく同人への損失の分配として計上された金額が損益通算の対象とならないことを理由としてされた本件各更正処分は適法である。

(4) 当初から適正に申告し納税した納税者との間の客観的不公平の実質的な是正を図るとともに、過少申告による納税義務違反の発生を防止し適正な申告納税の実現を図るという過少申告加算税の趣旨に照らせば、過少申告があっても例外的に過少申告加算税が課されない場合として国税通則法65条4項の定める「正当な理由があると認められる」場合とは、真に納税者の責めに帰することのできない客観的な事情があり、上記のような過少申告加算税の趣旨に照らしてもなお納税者に過少申告加算税を賦課することが不当又は酷になる場合をいうものと解するのが相当である〔最高裁平成17年（行ヒ）第9号・同18年4月20日第一小法廷判決・民集60巻4号1611頁、最高裁平成17年（行ヒ）第20号・同18年10月24日第三小法廷判決・民集60巻8号3128頁参照〕。

(5) 匿名組合契約に基づき匿名組合員が営業者から受ける利益の分配に係る所得区分について、旧通達においては、……その利益の分配が貸金の利子と同視し得るものでない限り、個別の契約において匿名組合員に営業者の営む事業に係る重要な意思決定に関与するなどの権限が付与されているか否かを問うことなく、匿名組合員が実質的に営業者と共同して事業を営む者としての地位を有するものといえるという理解に基づいて、当該事業の内容に従い事業所得又はその他の各種所得に該当するものとされていたものと解される。これに対し、新通達においては、……当該契約において匿名組合員に上記のような権限が付与されており、匿名組合員が上記の地位を有するものと認められる場合に限り、当該事業の内容に従い事業所得又はその他の各種所得に該当し、それ以外の場合には、匿名組合員にとってその所得が有する性質に従い雑所得に該当するものと解する見解に立つ……たものと解される。このように、旧通達においては原則として当該事業の内容に従い事業所得又はその他の各種

所得に該当するものとされているのに対し、新通達においては原則として雑所得に該当するものとされている点で、両者は取扱いの原則を異にするものということができ、また、当該契約において匿名組合員に上記のような意思決定への関与等の権限が付与されていない場合（当該利益の分配が貸金の利子と同視し得るものである場合を除く。）について、旧通達においては当該事業の内容に従い事業所得又はその他の各種所得に該当することとなるのに対し、新通達においては雑所得に該当することとなる点で、両者は本件を含む具体的な適用場面における帰結も異にするものということができることに鑑みると、平成17年通達改正によって上記の所得区分に関する課税庁の公的見解は変更されたものというべきである。

(6) そうすると、少なくとも平成17年通達改正により課税庁の公的見解が変更されるまでの間は、納税者において、旧通達に従って、匿名組合契約に基づき匿名組合員が営業者から受ける利益の分配につき、これが貸金の利子と同視し得るものでない限りその所得区分の判断は営業者の営む事業の内容に従ってされるべきものと解して所得税の申告をしたとしても、それは当時の課税庁の公的見解に依拠した申告であるということができ、それをもって納税者の主観的な事情に基づく単なる法律解釈の誤りにすぎないものということはできない。そして、本件匿名組合契約に基づき甲が本件営業者から受ける利益の分配につき、……貸金の利子と同視し得るものと認めるべき事情はうかがわれず、本件リース事業につき生じた損失のうち本件匿名組合契約に基づく甲への損失の分配として計上された金額は、旧通達によれば、本件リース事業の内容に従い不動産所得に係る損失に該当するとされるものであったといえる。

(7) 以上のような事情の下においては、本件各申告のうち平成17年通達改正の前に旧通達に従ってされた平成15年分及び同16年分の各申告において、甲が、本件リース事業につき生じた損失のうち本件匿名組合契約に基づく同人への損失の分配として計上された金額を不動産所得に係る損失に該当するものとして申告し、他の各種所得との損益通算により上記の金額を税額の計算の基礎としていなかったことについて、真に甲の責めに帰することのできない客観的な事情があり、過少申告加算税の趣

旨に照らしてもなお同人に過少申告加算税を賦課することは不当又は酷になるというのが相当であるから、国税通則法65条4項にいう「正当な理由」があるものというべきである。

(8) このように、本件各申告のうち、平成15年分及び同16年分の各申告については、国税通則法65条4項にいう「正当な理由」があるものといえるから、本件各賦課決定処分のうち上記各年分に係る別紙処分目録記載の各処分は違法である……。これに対し、平成17年通達改正後にされた平成17年分の申告については、真に甲の責めに帰することのできない客観的な事情があるとはいえず、過少申告加算税の趣旨に照らしてもなお同人に過少申告加算税を賦課することが不当又は酷になるとはいえないので、同項にいう「正当な理由」があるものとはいえないから、本件各賦課決定処分のうち同年分に係る処分は適法である。

解　説

　本件は、匿名組合契約に基づき営業者の営む航空機のリース事業に出資をした匿名組合員である亡甲が、当該事業につき生じた損失のうち契約に基づく同人への損失の分配として計上された金額を所得税法26条1項に定める不動産所得に係る損失に該当するものとして平成15年分から同17年分までの所得税の各確定申告をしたところ、豊田税務署長から、上記の金額は不動産所得に係る損失に該当せず、雑所得に該当するとして、同法69条に定める損益通算の対象とならないとして、更正及び過少申告加算税の賦課決定を受けたため、甲の訴訟承継人である上告人らが、処分の取消しを求めた事案です。

　裁判所は、所得分類については、国の主張を認め、雑所得に該当するとしました。しかし、旧通達においては、原則として当該事業の内容に従い事業所得又はその他の各種所得に該当するものとしていたところ、平成17年の通達改正によって、原則として雑所得として扱うと国の公的見解が変更されたものと認定し、通達改正前においては、納税者において、旧通達に従って所得税の申告をしたとしても、それ

は当時の課税庁の公的見解に依拠した申告であるということができ、それをもって納税者の主観的な事情に基づく単なる法律解釈の誤りにすぎないものということはできないとしました。

その結果、本件各申告のうち平成17年通達改正の前に旧通達に従ってされた平成15年分及び同16年分の各申告において、亡甲が、匿名組合契約に基づく同人への損失の分配として計上された金額を不動産所得に係る損失に該当するものとして申告し、他の各種所得との損益通算により上記の金額を税額の計算の基礎としていなかったことについて、真に甲の責めに帰することのできない客観的な事情があり、過少申告加算税の趣旨に照らしてもなお同人に過少申告加算税を賦課することは不当又は酷になるというのが相当であるから、国税通則法65条4項にいう「正当な理由」があるものと判断しました。

## 納税者主張整理書面

法適用（当てはめ）についての「納税者主張整理書面」では、法律解釈及び事実認定が正しいことを指摘し、その上で、主張を展開することになります。

課税庁は、法律及び通達に則り、事実認定をしたときは、形式的に事実に当てはめ、修正申告の勧奨、更正等に進めようとします。そこで、法適用に関する主張書面を提出することにより、再吟味を求めるものです。

# 納税者主張整理書面⑴

●●税務署長　御中

平成●年●月●日

納税者　　　　　　●●●　㊞
税務代理人税理士　　●●●　㊞

　平成●年●月●日に開始された貴署による税務調査では、亡甲の平成15年分から平成17年分の所得税確定申告について、不動産所得として計上した金額が、雑所得であると指摘されています。
　そこで、この点に関し、私の主張を整理させていただきます。

## 第一　法律解釈および事実認定

⑴　亡甲の平成15年分から平成17年分の所得税確定申告について、不動産所得として計上した金額が、雑所得であることについては争いません。

> まず、第一段の法律解釈及び事実認定で共通認識を持ってもらい、次の法適用（当てはめ）に進んでいきます。

## 第二　法適用（当てはめ）

⑴　本件匿名組合契約に基づき、亡甲が受けた利益の分配に係る所得が雑所得であり、損失の分配が損益通算の対象とならないとしても、平成17年通達改正前は、国の公的見解として、匿名組合員が営業者から受ける利益の分配に係る所得区分については、原則として当該事業の内容に従い事業所得又はその他の各種所得に該当するとされていたのであり、それを信じて、旧通達に従って所得税の申告をした場合には、国税通則法65条4項にいう「正当な理由」があるものとして、過少申告加算税は課されないと考えます。以下に理由を述

べます。

⑵　当初から適正に申告し納税した納税者との間の客観的不公平の実質的な是正を図るとともに、過少申告による納税義務違反の発生を防止し適正な申告納税の実現を図るという過少申告加算税の趣旨に照らせば、過少申告があっても例外的に過少申告加算税が課されない場合として国税通則法65条4項の定める「正当な理由があると認められる」場合とは、真に納税者の責めに帰することのできない客観的な事情があり、上記のような過少申告加算税の趣旨に照らしてもなお納税者に過少申告加算税を賦課することが不当又は酷になる場合をいうものと解するのが相当です〔最高裁平成17年（行ヒ）第9号・同18年4月20日第一小法廷判決・民集60巻4号1611頁、最高裁平成17年（行ヒ）第20号・同18年10月24日第三小法廷判決・民集60巻8号3128頁参照〕。

⑶　匿名組合契約に基づき匿名組合員が営業者から受ける利益の分配に係る所得区分について、旧通達においては、その利益の分配が貸金の利子と同視し得るものでない限り、個別の契約において匿名組合員に営業者の営む事業に係る重要な意思決定に関与するなどの権限が付与されているか否かを問うことなく、匿名組合員が実質的に営業者と共同して事業を営む者としての地位を有するものといえるという理解に基づいて、当該事業の内容に従い事業所得又はその他の各種所得に該当するものとされていたものと解されます。これに対し、新通達においては、当該契約において匿名組合員に上記のような権限が付与されており、匿名組合員が上記の地位を有するものと認められる場合に限り、当該事業の内容に従い事業所得又はその他の各種所得に該当し、それ以外の場合には、匿名組合員にとってその所得が有する性質に従い雑所得に該当するものと解する見解に立ったものと解されます。このように、旧通達においては原則として当該事業の内容に従い事業所得又はその他の各種所得に該当するものとされているのに対し、新通達においては原則として雑所得に該当するものとされている点で、両者は取扱いの原則を異にするも

のということができ、また、当該契約において匿名組合員に上記のような意思決定への関与等の権限が付与されていない場合（当該利益の分配が貸金の利子と同視し得るものである場合を除く。）について、旧通達においては当該事業の内容に従い事業所得又はその他の各種所得に該当することとなるのに対し、新通達においては雑所得に該当することとなる点で、両者は本件を含む具体的な適用場面における帰結も異にするものということができることに鑑みると、平成17年通達改正によって上記の所得区分に関する課税庁の公的見解は変更されたものというべきです。

(4) そうすると、少なくとも平成17年通達改正により課税庁の公的見解が変更されるまでの間は、納税者において、旧通達に従って、匿名組合契約に基づき匿名組合員が営業者から受ける利益の分配につき、これが貸金の利子と同視し得るものでない限りその所得区分の判断は営業者の営む事業の内容に従ってされるべきものと解して所得税の申告をしたとしても、それは当時の課税庁の公的見解に依拠した申告であるということができ、それをもって納税者の主観的な事情に基づく単なる法律解釈の誤りにすぎないものということはできません。そして、本件匿名組合契約に基づき甲が本件営業者から受ける利益の分配につき、貸金の利子と同視し得るものと認めるべき事情はうかがわれず、本件リース事業につき生じた損失のうち本件匿名組合契約に基づく甲への損失の分配として計上された金額は、旧通達によれば、本件リース事業の内容に従い不動産所得に係る損失に該当するとされるものであったといえます。

(5) 以上のような事情の下においては、本件各申告のうち平成17年通達改正の前に旧通達に従ってされた平成15年分及び同16年分の各申告において、甲が、本件リース事業につき生じた損失のうち本件匿名組合契約に基づく同人への損失の分配として計上された金額を不動産所得に係る損失に該当するものとして申告し、他の各種所得との損益通算により上記の金額を税額の計算の基礎としていなかったことについて、真に甲の責めに帰することのできない客観的な事

情があり、過少申告加算税の趣旨に照らしてもなお同人に過少申告加算税を賦課することは不当又は酷になるというのが相当であるから、国税通則法65条4項にいう「正当な理由」があるものというべきです。

(6) このように、本件各申告のうち、平成15年分及び同16年分の各申告については、国税通則法65条4項にいう「正当な理由」があるものといえますので、過少申告加算税は賦課されないものと考えます。

(7) 以上の点をご考慮いただき、再度ご検討をお願い申し上げる次第です。

以上

第四段 ● 信義則・裁量権の逸脱・濫用

# 第四段　信義則・裁量権の逸脱・濫用

　第四段は、信義則・裁量権の逸脱・濫用です。青色申告の承認取消しなど、税務署長に一定の裁量権が認められている場合があります。しかし、その裁量権は自由裁量権ではなく、合目的的かつ合理的な裁量に委ねられた範囲内で行使しなければいけません。そこで、課税庁が裁量権を逸脱・濫用して処分をしようとしているときには、その点を指摘し、違法な処分がなされないよう「納税者主張整理書面」を提出することになります。

## 裁量権の逸脱・濫用を理由として青色申告承認取消処分が取り消された事例

横浜地裁平成17年6月22日判決（TAINS　Z255-10060）

----------------- 事　案 -----------------

⑴　原告Xは、昭和62年ころから個人でA歯科医院を開業し、青色申告の承認を受け、所得税の確定申告をしていました。平成10年ないし平成12年当時の人員体制は、歯科医師は原告X1名、歯科衛生士2名、ローテーション制の歯科助手アルバイト3名、受付レセプト要員1名、受付対応の合計7名で、会計ないし経理専門スタッフはいませんでした。

⑵　K税務署は、平成13年11月ころから平成14年2月ころまでの間、原告Xの所得税について、税務調査を行いました。

⑶　K税務署の調査官らは、平成14年2月7日、K税務署において、原告Xの税務代理人である乙税理士に対し、「是否認事項明細」と題する書面を示し、その記載内容に従って、①売上の計上漏れがあること、②支払手数料の過大計上があること、③妻戊の専従者給与について専従の事実及び支払の事実を確認できないので、必要経費への算入は認められないこと、④原告の帳簿書類が正規の簿記の原則に従った帳簿書類とは認め

161

られず、青色申告特別控除の要件に該当しないので、控除額を減額し、10万円とすること、⑤雑所得の計上漏れがあること等を説明するとともに、原告の帳簿書類の備付け及び記録は不備であると認められ、青色申告承認の取消事由に該当するので、原則的には青色申告承認の取消しが相当であるところ、是否認事項明細書に記載された内容に沿って修正申告を行えば青色申告承認取消処分はしないこととするが、修正申告に応じなければ青色申告承認取消処分をする旨を伝えました。

(4) これに対し、乙税理士は、原告Xの帳簿書類の備付け及び記録に不備はなく、したがって青色申告特別控除は認められるべきであり、また、妻戊に専従の事実及び給与の支払の事実はある旨反論しましたが、乙税理士は、調査官らに対し、上記調査官らの説明内容を持ち帰り、原告に説明する旨述べました。

(5) 乙税理士は、平成14年2月12日、調査官に電話をかけ、原告Xが、売上及び雑所得の計上漏れ、支払手数料の過大計上並びに青色申告特別控除の減額については税務署の見解に従い、修正申告に応じるが、青色事業専従者給与の必要経費への算入が認められないことについては、妻戊には専従の事実及び給与の支払の事実があり、納得できないから、これについての修正申告には応じられない旨の意向であること伝えました。

(6) これを受けて、調査官は、上司であるK税務署個人課税第2部門統括国税調査官にその旨を報告し、担当者らは、原告Xの青色申告の承認の取消しについての決裁を上げ、その結果、本件青色申告承認取消処分がされました。

--- **判　決** ---

(1) 青色申告制度は、一定の帳簿書類（所得税法148条）を備え付けて所定の事項を記録し、これを基礎として申告を行う納税者に対し、青色の申告書を用いて申告することを認め、これに伴い一定の手続上の保障や所得計算上の特典を与えることによって、申告納税制度の下において、納税者が帳簿書類を備えて、収入・支出を正確に記入し、それを基礎として所得と税額を正しく計算し申告するという慣行の定着を図るための方策として設けられたものである。

第四段 ● 信義則・裁量権の逸脱・濫用

(2)　そして、所得税法150条1項柱書が、「第143条（青色申告）の承認
を受けた居住者につき次の各号のいずれかに該当する事実がある場合に
は、納税地の所轄税務署長は、……、その承認を取り消すことができる。」
と規定し、同項1号においては「その年における第143条に規定する業
務に係る帳簿書類の備付け、記録又は保存が第148条第1項（青色申告
者の帳簿書類）に規定する財務省令で定めるところに従って行われて
いないこと」と、同項2号においては「その年における前号に規定する
帳簿書類について第148条第2項の規定による税務署長の指示に従わな
かったこと」と、同項3号においては「その年における第1号に規定す
る帳簿書類に取引の全部又は一部を隠ぺいし又は仮装して記載し又は記
録し、その他その記載又は記録をした事項の全体についてその真実性を
疑うに足りる相当の理由があること」とそれぞれ規定し、青色申告承認
の取消しに関する定めを設けているのは、上記のように、青色申告制度
が、一定の帳簿書類を備え付け、信頼性のある記帳をすることを約束し
た納税者が、その記帳に基づき所得及び税額を正しく算出して納税申告
することを期待して、そのような納税者に対し一定の手続上の保障や所
得計算上の特典を与えるものであることから、青色申告の承認を受けた
納税者について、特典等の付与を継続することが青色申告制度の趣旨・
目的に反することとなるような一定の事情がある場合には、その承認を
取り消すことができるものとすることによって、青色申告制度の適正な
運用を図ろうとすることにあるものと解される。

(3)　上記のような、青色申告制度の趣旨及び青色申告承認の取消しの意義
や所得税法150条1項柱書及び同項各号の規定の内容からすれば、同項
各号に規定する事由が認められる場合に、青色申告の承認を取り消すか
どうかは、基本的には税務署長の合目的的かつ合理的な裁量に委ねられ
ているということができるが、その裁量権の行使は、上記青色申告制度
の趣旨及び青色申告承認取消しの意義に照らし、かつ、実際上、個人と
して事業所得等を生ずべき業務を行う納税者の帳簿書類の備付け、記録
及び保存の水準は、その業種、業態、経営規模等が反映した一定の限界
を有するものとならざるを得ないことにかんがみれば、当該納税者に係
る具体的な同項各号該当事由の内容、程度、更にはその者の納税申告に

163

係る信頼性の破壊の程度等を総合的に考慮して、それが真に青色申告による納税申告を維持させるにふさわしくない内容、程度に達しているものといえるかどうかという観点からこれを判断すべきものということができる。すなわち、このことを本件に即していえば、本件青色申告承認取消処分をするかどうかの判断に当たっては、被告において、原告に係る所得税法150条1項1号に該当する帳簿書類の備付け、記録の不備の程度、内容、その不備に基因する当該納税申告に係る信頼性の破壊の程度等を総合的に考慮して、それが真に青色申告による納税申告を維持させるにふさわしくない内容、程度に達しているものといえるかどうかという観点からこれをすべきものであって、原告に係る帳簿書類の備付け、記録の状況が同条1項1号に該当するものであったとしても、そのことのみを根拠として、直ちに本件青色申告承認取消処分が被告の合目的的かつ合理的な裁量に委ねられた範囲内にあるものであることを基礎づけることはできないといわなければならないのである。

　ちなみに、国税庁長官が、国税局長及び沖縄国税事務所長宛てに、所得税法150条1項の規定の適用に関し留意すべき事項等を定めた平成12年7月3日付けの「個人の青色申告の承認の取消しについて（事務運営指針）」（以下「本件事務運営指針」という。）において、「個人の青色申告の承認の取消しは、法第150条第1項各号に掲げる事実及びその程度、記帳状況等を総合勘案の上、真に青色申告書を提出するにふさわしくない場合について行うこと」とするとの個人の青色申告承認の取消しに関する基本的な考え方を示しているのも、上記説示と同様の考え方に基づくものと窺われるところである。

(4)　また、上記青色申告制度の趣旨及び青色申告承認の取消しの意義に適合しない目的や動機に基づいて青色申告承認取消処分がされたり、裁量権の行使が、考慮すべき事項を考慮せず、考慮すべきでない事項を考慮してされたために、その判断が上記の観点から合目的的かつ合理的なものとして許容される限度を超え、著しく不当である場合には、その青色申告取消処分は、税務署長に委ねられた裁量権の範囲を逸脱し、又はその濫用があったものとして、違法となるものと解すべきである。

(5)　この関係を更に敷衍すると、一般に、税務署長は、納税申告書の提出

**第四段 ● 信義則・裁量権の逸脱・濫用**

があった場合において、その納税申告書に記載された課税標準等又は税額等が、税務調査したところと異なるときは、当該税務調査の結果に基づいて、当該申告書に係る課税標準等又は税額等を更正することになる（国税通則法24条）。また、納税申告書を提出した者は、その申告について更正がされるまでは、提出した納税申告書に記載した税額に不足額があるなどの場合、その申告に係る課税標準等又は税額等を修正する納税申告書（修正申告書）を税務署長に提出することができる（国税通則法19条1項、3項）。

　他方、青色申告承認の取消しは、上記(1)のとおり、青色申告制度の趣旨・目的に反することとなるような一定の事情がある青色申告の承認を受けた納税者について、その承認を取り消すことによって青色申告制度の適正な運用を図ろうとするものであり、青色申告承認の取消処分は、上記のとおり、所得税法150条1項各号の規定する事由がある場合において、青色申告制度の趣旨及び青色申告承認取消しの意義を踏まえ、当該納税者に係る具体的な同項各号該当事由の内容、程度、更にはその者の納税申告に係る信頼性の破壊の程度等を総合的に考慮して、それが真に青色申告による納税申告を維持させるにふさわしくない内容、程度に達しているものといえるかどうかという観点からこれをすべきものである。

(6)　このように、更正又は修正申告等の納税義務及び税額の確定のための制度ないし手続と納税者の地位及び納税申告の方法に関わる青色申告承認の取消しの制度ないし手続とは、その目的及び効果を異にするものであることからすれば、税務署長が、青色申告承認取消処分をするかどうかの裁量権を行使するに際して、その納税者が税務調査担当者の調査の結果に基づく修正申告のしょうように応じようとしなかったとの事情を考慮して当該納税者に対する青色申告の承認を取り消した場合においては、考慮すべきでない事項を考慮して裁量権の行使がされたために、その判断が合目的的かつ合理的なものとして許容される限度を超えた、著しく不当なものとして、その処分は違法とすべき場合があるというべきである。

(7)　原告の平成10年分の帳簿書類については、事業所得の金額が正確に計

第 **V** 章　税務調査における法的七段論法

算できるように、事業所得を生ずべき事業に係る資産、負債及び資本に影響を及ぼす一切の取引を正規の簿記の原則に従い、整然と、かつ、明りょうに記録している（所得税法施行規則57条1項）とはいえないことは明らかである。また、すべての取引を借方及び貸方に仕訳し、取引の発生順に、取引の年月日、内容、勘定科目及び金額を記載した帳簿（仕訳帳）及びすべての取引を勘定科目の種類別に分類して整理計算し、その勘定ごとに、記載の年月日、相手方の勘定科目及び金額を記載した帳簿（総勘定元帳）を備え、記帳している（所得税法施行規則58条、59条）ということができないことも明らかである。

したがって、原告の平成10年における事業所得を生ずべき業務に係る帳簿書類の備付け及び記録は、所得税法148条1項に規定する財務省令で定めるところに従って行われていない（所得税法150条1項1号）ものというべきである。

(8)　しかしながら、原告Xについて青色申告承認取消処分をするかどうかの判断に当たっては、被告において、原告Xに係る所得税法150条1項1号に該当する帳簿書類の備付け、記録の不備の程度、内容、その不備に基因する当該納税申告に係る信頼性の破壊の程度等を総合的に考慮して、それが真に青色申告による納税申告を維持させるにふさわしくない内容、程度に達しているものといえるかどうかという観点からこれをすべきものであって、原告Xに係る帳簿書類の備付け、記録の状況が同条1項1号に該当するものであったとしても、そのことのみを根拠として、直ちに本件青色申告承認取消処分が被告の合目的的かつ合理的な裁量に委ねられた範囲内にあるものであることを基礎づけることはできないといわなければならないところ、本件においては、被告は、このような原告Xに係る帳簿書類の備付け、記録の不備が、原告の業種、業態、経営規模等を考慮してもなお、真に青色申告による納税申告を維持させるにふさわしくない内容、程度に達しているとの点については、的確な主張・立証を行っていないものといわざるを得ない。

(9)　本件青色申告承認取消処分は、被告において、原告Xが本件税務調査担当者らの調査の結果に基づく修正申告のしょうように応じようとしなかったことから行ったものと認められるのであり、その裁量権の行使は、

上記青色申告制度の趣旨及び青色申告承認の取消しの意義に適合しない動機に基づいてされたか、そうでないとしても、考慮すべき事項を考慮せず、考慮すべきでない事項を考慮してされたものといわざるを得ないのである。

(10)　上記のとおりであるから、本件青色申告承認取消処分については、原告Xに係る帳簿書類の備付け、記録の不備が、原告Xの業種、業態、経営規模等を考慮してもなお、真に青色申告による納税申告を維持させるにふさわしくない内容、程度に達しているとの点についての被告の的確な主張・立証がないばかりでなく、被告において、少なくとも、考慮すべき事項を考慮せず、考慮すべきでない事項を考慮して裁量権の行使をしたものと認められ、その判断は合目的的かつ合理的なものとして許容される限度を超え、著しく不当なものであるというべきであるから、被告に委ねられた裁量権の範囲を逸脱し、又はその濫用があったものとして、本件青色申告承認取消処分は違法であるというほかはない。

## 解　説

　本件は、課税庁が個人経営の歯科医院に税務調査を行い、修正申告のしょうようを行ったところ、納税者がこれを拒否し、それに対して課税庁が帳簿書類の備え付け、保存が所得税法148条第1項に従って行われていないとして、青色申告の承認取消処分をしたものです。

　裁判所は、原告の平成10年における事業所得を生ずべき業務に係る帳簿書類の備付け及び記録は、所得税法148条1項に規定する財務省令で定めるところに従って行われていないと認めたものの、本件青色申告承認取消処分については、原告Xに係る帳簿書類の備付け、記録の不備が、原告Xの業種、業態、経営規模等を考慮してもなお、真に青色申告による納税申告を維持させるにふさわしくない内容、程度に達しているとの点について、国が的確に主張立証をすべきであるのに、本件ではこれがなされていない、としました。また、課税庁は、少なくとも、考慮すべき事項を考慮せず、考慮すべきでない事項を考

慮して裁量権の行使をしたものと認められ、その判断は合目的的かつ
合理的なものとして許容される限度を超え、著しく不当なものである
というべきであるから、被告に委ねられた裁量権の範囲を逸脱し、又
はその濫用があったものと判断し、納税者勝訴の判決をしました。

---

## 納税者主張整理書面

### 納税者主張整理書面(1)

●●税務署長　御中

平成●年●月●日

納税者　　　●●●　㊞
税務代理人税理士　　●●●　㊞

　平成●年●月●日に開始された貴署による税務調査では、私の平成
10年分の青色申告に係る帳簿書類の備え付け、記録又は保存が、所得
税法148条1項の規定に従って行われていない旨指摘されています。
　そこで、この点に関し、私の主張を整理させていただきます。

> まず、第一段の法律解釈で共通認識を持って
> もらい、次の事実認定に進んでいきます。

**第一　法律解釈**

(1)　青色申告制度は、一定の帳簿書類（同法148条）を備え付けて所
　　定の事項を記録し、これを基礎として申告を行う納税者に対し、青
　　色の申告書を用いて申告することを認め、これに伴い一定の手続上
　　の保障や所得計算上の特典を与えることによって、申告納税制度の
　　下において、納税者が帳簿書類を備えて、収入・支出を正確に記入し、
　　それを基礎として所得と税額を正しく計算し申告するという慣行の
　　定着を図るための方策として設けられたものです。

第四段 ● 信義則・裁量権の逸脱・濫用

⑵　青色申告の承認を受けた納税者について、特典等の付与を継続することが青色申告制度の趣旨・目的に反することとなるような一定の事情がある場合には、その承認を取り消すことができるものとすることによって、青色申告制度の適正な運用を図ろうとすることにあるものと解されます。

⑶　上記のような、青色申告制度の趣旨及び青色申告承認の取消しの意義や所得税法150条1項柱書及び同項各号の規定の内容からすれば、同項各号に規定する事由が認められる場合に、青色申告の承認を取り消すかどうかは、基本的には税務署長の合目的的かつ合理的な裁量に委ねられているということができますが、その裁量権の行使は、上記青色申告制度の趣旨及び青色申告承認取消しの意義に照らし、かつ、実際上、個人として事業所得等を生ずべき業務を行う納税者の帳簿書類の備付け、記録及び保存の水準は、その業種、業態、経営規模等が反映した一定の限界を有するものとならざるを得ないことにかんがみれば、当該納税者に係る具体的な同項各号該当事由の内容、程度、更にはその者の納税申告に係る信頼性の破壊の程度等を総合的に考慮して、それが真に青色申告による納税申告を維持させるにふさわしくない内容、程度に達しているものといえるかどうかという観点からこれを判断すべきものということができます。

　　ちなみに、国税庁長官が、国税局長及び沖縄国税事務所長宛てに、所得税法150条1項の規定の適用に関し留意すべき事項等を定めた平成12年7月3日付けの「個人の青色申告の承認の取消しについて（事務運営指針）」（以下「本件事務運営指針」という。）において、「個人の青色申告の承認の取消しは、法第150条第1項各号に掲げる事実及びその程度、記帳状況等を総合勘案の上、真に青色申告書を提出するにふさわしくない場合について行うこと」とするとの個人の青色申告承認の取消しに関する基本的な考え方を示しています。

⑷　また、上記青色申告制度の趣旨及び青色申告承認の取消しの意義に適合しない目的や動機に基づいて青色申告承認取消処分がされたり、裁量権の行使が、考慮すべき事項を考慮せず、考慮すべきでな

169

い事項を考慮してされたために、その判断が上記の観点から合目的的かつ合理的なものとして許容される限度を超え、著しく不当である場合には、その青色申告取消処分は、税務署長に委ねられた裁量権の範囲を逸脱し、又はその濫用があったものとして、違法となるものと解すべきです。

(5) このように、更正又は修正申告等の納税義務及び税額の確定のための制度ないし手続と納税者の地位及び納税申告の方法に関わる青色申告承認の取消しの制度ないし手続とは、その目的及び効果を異にするものであることからすれば、税務署長が、青色申告承認取消処分をするかどうかの裁量権を行使するに際して、その納税者が税務調査担当者の調査の結果に基づく修正申告のしょうように応じようとしなかったとの事情を考慮して当該納税者に対する青色申告の承認を取り消した場合においては、考慮すべきでない事項を考慮して裁量権の行使がされたために、その判断が合目的的かつ合理的なものとして許容される限度を超えた、著しく不当なものとして、その処分は違法とすべき場合があるというべきです。

(6) 以上より、本件青色申告承認取消処分については、私に係る帳簿書類の備付け、記録の不備が、私の業種、業態、経営規模等を考慮してもなお、真に青色申告による納税申告を維持させるにふさわしくない内容、程度に達していることが必要となると考えます。


## 第二 立証責任と証明度

そこで、「私に係る帳簿書類の備付け、記録の不備が、私の業種、業態、経営規模等を考慮してもなお、真に青色申告による納税申告を維持させるにふさわしくない内容、程度に達していること」を誰が立証すべきか、について、私の主張を整理させていただきます。

この点についての立証責任については、「所得の存在及びその金額について決定庁が立証責任を負うことはいうまでもないところである」(最高裁昭和38年3月3日判決・訟月9巻5号668頁) とされていることから、貴署が立証責任を負担することとなります。

そこで、本件では、「私に係る帳簿書類の備付け、記録の不備が、私の業種、業態、経営規模等を考慮してもなお、真に青色申告による納税申告を維持させるにふさわしくない内容、程度に達していること」を貴署にて立証する必要があることになります。

また、貴署が立証責任を負担する事実が証明できたかどうかの「証明度」については、ルンバール事件最高裁判決は、次のように判示しています。

> ここで、立証責任を負担する者は、どの程度に事実を立証する必要があるのか、について、認識してもらいます。

「訴訟上の因果関係の立証は、一点の疑義も許されない自然科学的証明ではなく、経験則に照らして全証拠を総合検討し、特定の事実が特定の結果発生を招来した関係を是認しうる高度の蓋然性を証明することであり、その判定は、通常人が疑を差し挟まない程度に真実性の確信を持ちうるものであることを必要とし、かつ、それで足りるものである。」（ルンバール事件最高裁昭和50年10月24日判決・民集29巻9号1417頁）

そこで、「私に係る帳簿書類の備付け、記録の不備が、私の業種、業態、経営規模等を考慮してもなお、真に青色申告による納税申告を維持させるにふさわしくない内容、程度に達していること」が「<u>通常人が疑を差し挟まない程度に真実性の確信を持ちうる程度に証明されたかどうか</u>」について、検討することとします。

### 第三　貴署の主張

貴署の主張は、以下のとおりです。

(1)　私の帳簿書類について、そもそも、仕訳帳又はこれに代わる伝票等が存在せず、総勘定元帳は存在するものの取引の年月日も記載されておらず、よって、「すべての取引を借方及び貸方に仕訳する帳簿（仕訳帳）」（所得税法施行規則58条1項）及び「勘定ごとに、記載の年月日、相手方の勘定科目及び金額を記載」した総勘定元帳（所得税法施行規則59条2項、同58条1項）の要件を欠いており、また、

日計表及び金銭出納帳の記載も正確なものではないことから、私の事業所得を生ずべき事業に係る資産、負債及び資本に影響を及ぼす一切の取引が記載されているとは認められないこと。

(2)　帳簿書類の記載からして、同一の取引（収入金額及び支出金額）の日計表、金銭出納帳及び総勘定元帳への記載に相互関連性がないことは明らかであり、私の事業所得を生ずべき事業に係る資産、負債及び資本に影響を及ぼす一切の取引が、正規の簿記の原則に従って秩序的に記録され、各取引の性格、金額等が明りょうに識別できるように記録されているとは認められないこと。

(3)　私の帳簿書類は、「一切の取引……を、正規の簿記の原則に従い、整然と、かつ、明りょうに記録」（所得税法施行規則57条1項）しているとは認められないから、所得税法148条1項に違反して、青色申告者が法令により備え付けるべき帳簿書類等を備え付け、記録することをしていなかったこと。

### 第六　納税者の主張

(1)　私の歯科医院は、歯科医師は私1名を含む合計7名という小規模の歯科医院であり、会計ないし経理専門のスタッフは雇用していません。

(2)　私の帳簿書類としては、金銭出納帳、総勘定元帳、DAILY REPORTの3種類があり、記録は完全に正確ではありませんが、今回に調査において、重点調査項目である雑所得に係る計上漏れはなく、売上計上漏れも少額で、診療収入合計額に占める売上計上漏れの割合は、平成10年分は約0.18パーセント、平成11年分は約0.62パーセント、平成12年分は約0.89パーセントと小さい割合にとどまっています。

(3)　丙調査官らは、平成14年2月7日、K税務署において、私の税務代理人である乙税理士に対し、「是否認事項明細」と題する書面を示し、その記載内容に従って、①売上の計上漏れがあること、②支払手数料の過大計上があること、③妻戊の専従者給与について専従の事実及び支払の事実を確認できないので、必要経費への算入は認め

られないこと、④私の帳簿書類が正規の簿記の原則に従った帳簿書類とは認められず、青色申告特別控除の要件に該当しないので、控除額を減額し、10万円とすること、⑤雑所得の計上漏れがあること等を説明するとともに、私の帳簿書類の備付け及び記録は不備であると認められ、青色申告承認の取消要件に該当するので、原則的には青色申告承認の取消しが相当であるところ、是否認事項明細書に記載された内容に沿って修正申告を行えば青色申告承認取消処分はしないこととするが、修正申告に応じなければ青色申告承認取消処分をする旨を伝えました。この際、税務行政実務上の通常の事務処理の手順として行われる税務署長宛ての、帳簿の不備を認め、今後は是正する旨の上申書の提出を求められることもなく、このまま青色申告の承認取消処分がなされると、私に対する不意打ちは著しいものとなります。

⑷　以上からすると、「私に係る帳簿書類の備付け、記録の不備が、私の業種、業態、経営規模等を考慮してもなお、真に青色申告による納税申告を維持させるにふさわしくない内容、程度に達していること」、について、<u>通常人が疑を差し挟まない程度に真実性の確信を持ちうる程度に証明された、</u>とは言えないものと考えます。

⑸　以上の点をご考慮いただき、再度ご検討をお願い申し上げる次第です。

以上

【証拠】

証拠1　診療収入合計額に占める売上計上漏れ一覧

証拠2　従業員一覧表

証拠3　陳述書（税理士）

証拠4　陳述書（妻）

> 関係者の陳述書を添付することも検討します。そうすれば、課税庁は、訴訟になった時は、証人として反対証言をすることを予想することになります。

第 **V** 章　税務調査における法的七段論法

# 第五段　手続違背

　第五段は、手続違背です。税務調査において、調査手続に違法がある時は、それ自体で、資料が違法に収集され、誤った事実認定等がされるおそれを内包しています。したがって、違法な税務調査がなされた時は、ただちにその違法を是正する必要があります。

　過去に税務調査手続に違法性が認められた裁判例を見ていきます。

## 税務調査手続に違法性が認められた事例

大阪高裁平成10年3月19日判決・税資231号109頁（TAINS　Z231-8116）

────────── **事　案** ──────────

　本件は、国税調査官らが税務調査としてなした行為が所得税法234条に定める質問検査権を濫用ないし逸脱した違法なものであるとして、納税者である原告Xが国家賠償法1条1項に基づき、国に対し、慰謝料の請求をしたものです。

　本件では、原告XのK店とS店における行為が問題とされていますが、K店における行為のみを抽出します。

　O国税局資料調査課に勤務する国税調査官である沼田、福田及び竹森、並びにS税務署に勤務する国税調査官である田村及び中野の5名は、平成4年3月30日午後0時55分ころ、原告Xの税務調査のためK店に無予告で臨場しました。

　原告Xは不在であり、店にいた訴外H子は、原告Xは大阪のほうに仕入れに出掛けて不在でありすぐに連絡をとることは無理である旨及び調査は日を改めて来てほしい旨を再三述べました。しかし、沼田は、訴外H子に対し更に税務調査に応じて欲しいとの説得を続け、その後両名は店の奥の方へ移動し、沼田は、訴外H子に対して従業員数、店舗数、外部販売の有無等について質問し、訴外H子はこれらについては応答しました。

沼田は、K店2階が原告E子及び訴外H子の住居部分となっていること
を知り、訴外H子に対し調査のため2階へ上がらせて欲しい旨再三に亘っ
て説得を試みましたが、訴外H子は、2階はプライベートな部屋だから入っ
てもらっては困る旨を述べてこれを強く拒否し続けました。

ところが、原告E子が不意に2階へ上がって行ったため、福田は、原告
E子の後を追うようにして2階へ上がりました。福田が2階へ行くと、2階
では原告E子がコタツの上に置いてあった売上メモを握りしめていたため、
福田は、これを隠蔽するのではないかと危惧し、原告E子に対して右売上
メモの提示を強く求め、原告E子から右売上メモを奪うようにして取り上
げました。福田は、原告E子が同じくコタツの上に置いてあった売上集計
表を隠そうとしたので、これを取り上げ、さらに、原告E子がベッドの陰
のほうに何かを隠すような不審な行動をしたと感じたことから、箱様の籠
をさがし、その中に入っていた納品書及び請求書類を発見しました。

その後、沼田、田村、竹森、中野、訴外H子も2階に上がりました。
沼田は、福田の取り上げた売上メモや売上集計表以外にもK店の営業に関
する帳簿類などが2階の居室及び寝室に隠されているのではないかとの疑
念を抱き、竹森らに指示して、2階にあったタンスやベッドの下の引出し
の中などを検査したところ、タンスの上に置いてあった丸い空き缶の中か
らは20万円程度の現金を、また、タンスの引出しの中からは多数の預金通
帳や有価証券の預り証などが保管されているのを、さらに、ベッドの下の
引出しの中からはバッグ2、3個と財布2、3個が保管されているのを発見
しました。なお、沼田らは、タンスやベッドの引出しを検査した際、原告
E子の強い制止にもかかわらず、ベッドの下の原告E子の下着が入ってい
る引出しに手を入れてかき回しました。

2階で右調査が行われているころ、中野が1階へ降りて、K店のレジの金
銭調査を行いました。右調査は、その場にいたパート従業員であるUに指
示してレジの中の現金の金額を数えさせる方法で行われました。右調査に
おいて、Uは、中野から現金を数えるようにとの指示が命令口調であった
ため、これに従わなければならないと思って従ったものであって、少なく
とも進んで調査に応じたものではありませんでした。

中野は、その後、レジ下の引出し（レジを置いた机の引出し）を持って

第 **V** 章　税務調査における法的七段論法

2階に上がり、引出しの中の帳簿類の調査をしましたが、レジ下の引出し
をレジを置いてある場所から持ち出すについても、Uや原告E子及び訴外
H子の承諾を得ることはしていませんでした。

─────────── **判　　決** ───────────

　本件に関し、大阪高裁は、概要次のように判示し、税務調査の違法性を
認め、国に対して慰謝料の支払いを命じました。

(1)　所得税法234条1項の規定は、国税庁、国税局又は税務署の調査権限
　　を有する職員において、当該調査の目的、調査すべき事項、申請、申告
　　の体裁内容、帳簿等の記入保存状況、相手方の事業の形態等諸般の具体
　　的事情にかんがみ、客観的な必要があると判断される場合には、前記職
　　権調査の一方法として、同条1項各号規定の者に対し質問し、又はその
　　事業に関する帳簿、書類その他当該調査事項に関連性を有する物件の検
　　査を行う権限を認めた趣旨である〔最高裁判所第三小法廷昭和48年7月
　　10日決定・刑集27巻7号1205頁〕。

(2)　税務職員による右質問検査権の行使は、当該職員の質問に対して答弁
　　をせず若しくは偽りの答弁をし、又は検査を拒み、妨げ若しくは忌避し
　　たことに対して1年以下の懲役又は20万円以下の罰金に処せられる（所
　　得税法242条8号）という制裁の下に、相手方は質問検査を受忍するこ
　　とを間接的心理的に強制されているものであって、相手方において質問
　　検査に応じる義務があることを前提とするものではあるが、相手方にお
　　いてあえて質問検査を受忍しない場合にはそれ以上直接的物理的に強制
　　し得ないという意味において、国税犯則取締法の規定に基づき裁判所が
　　行う臨検、捜索又は差押、あるいは裁判所の許可を得て収税官吏が行う
　　臨検、捜索又は差押等の強制調査とは異なり、任意調査の一種である。

(3)　質問検査権の具体的な行使における質問検査の範囲、程度、時期、場
　　所等実定法上特段の定めのない実施の細目については、右にいう質問検
　　査の必要があり、かつ、これと相手方の私的利益との衡量において社会
　　通念上相当な限度にとどまるかぎり、権限ある税務職員の合理的な選択
　　に委ねられているものと解すべく、実施の日時場所の事前通知、調査の
　　理由および必要性の個別的、具体的な告知のごときも、質問検査を行う

うえの法律上一律の要件とされているものではない（前掲最高裁判所第三小法廷昭和48年7月10日決定）。

(4)　所得税法234条1項1号における税務職員の質問検査権行使の相手方は、納税義務者本人のみでなく、その業務に従事する家族、従業員等をも含むものと解すべきである。

(5)　沼田が、調査は日を改めて来てほしい旨を再三述べた訴外H子に対し、税務調査に応じて欲しいとの説得を続け、さらに、調査のため2階へ上がらせて欲しい旨再三に亘って説得を試みた行為は、いずれも質問検査権の行使それ自体ではなく、質問検査に応じるように説得するための行為であるところ、質問検査は任意調査であるところから調査の相手方の積極的協力が得られないことも多く、そのような場合、調査の必要性及び質問検査に対する相手方の受忍義務などを説明して説得に努めることは調査担当者の当然の職務行為であり、右説得行為が時間をかけた粘り強いものになることも許容されるところであり、右各行為は、いずれも社会通念上相当の範囲内にある適法な行為であると認めるのが相当である。

(6)　（福田が訴外H子に続いて2階に上がった行為は、）原告E子ないし訴外H子から2階へ上がることの承諾を得ていないことは明らかであるところ、……訴外H子は右要求を拒否し続けていたことや、2階部分は、アコーディオンカーテンにより店舗部分とは一見して明白に区分された第一審原告E子及び訴外H子の居住部分であって、プライバシーの保護がより重要視される場所であり、まして女性2人の居住部分であり、見知らぬ男性の臨場を好ましからざるものと思っていたであろうことを考えると、2階に上がるのを制止しなかったことによって原告E子又は訴外H子の黙示の承諾があったものとみることはできない。……居住者の拒絶の意思に反して右居住部分に立ち入ることが許されないことは明らかであるから、沼田及び福田が原告E子又は訴外H子の承諾を得ないで2階へ上がった行為は、社会通念上の相当性を逸脱した違法な行為であると解すべきである。また、前認定にかかる国税調査官らの行為のうち、沼田、田村、竹森及び中野が2階へ上がった各行為についても、原告E子又は訴外H子の承諾を得たものと認める余地はなく、福田の右行為と

第 Ⅴ 章　税務調査における法的七段論法

同様、違法と解すべきである。

(7)　そして、右国税調査官らの2階に上がった各行為がいずれも違法である以上、これに続いて行われた2階での国税調査官らの質問検査権行使としての税務調査は、違法に立ち入った場所における質問検査権の行使であることから、相手方の承諾の有無を問うまでもなく、いずれも違法であると解すべきものであり、仮に、右税務調査として2階で行われた個々の行為の一部に原告E子又は訴外H子の承諾があるかにみえるものが存在したとしても、全体として違法であると評価するのが相当であって、個々の行為の一部についてのみ適法性を認める余地はない。

(8)　更に、前認定にかかる国税調査官らの行為のうち、中野がK店のレジの金銭調査を行った行為については、質問検査権の行使に該当するものであるところ、レジの中の現金の金額を数えるというUの行為が介在しているとしても、Uは、原告E子や訴外H子とは異なりK店の単なるパート従業員にすぎないうえ、中野から現金を数えるようにとの指示が命令口調であったため、これに従わなければならないと思って従ったものであって、少なくとも進んで調査に応じたものでなかったことは前認定のとおりであるから、原告E子及び訴外H子の承諾に基づかない質問検査権の行使であると認めるのが相当であり、また、中野がレジ下の引出しを2階に持って上がり、引出しの中の帳簿類の調査をした行為も、Uや原告E子及び訴外H子の承諾に基づかない質問検査権の行使であると認められ、いずれも違法な行為であると解すべきである。

---

## 解　説

本件では、租税職員が、税務調査において、居宅として使用されていた店舗の2階部分への立ち入りを求めたところ、これを居住者から拒否されたにもかかわらず、居住者に続いて2階に上がった行為が違法と判断されたものです。そして、違法行為に続く質問検査については、仮にそれが承諾を得て行われたものであっても、違法となる旨判示しました。

第五段 ● 手続違背

　また、1階部分のレジの調査についても、パート従業員が任意に応じたものの、権限を有する者の承諾を得て行ったものではないことから、同じく違法と判断されました。

　違法な税務調査が行われる時には、違法に資料が収集され、それ自体、誤った修正申告や更正・決定等につながる危険性があります。したがって、違法な税務調査がなされた時には、ただちに抗議することが必要となるでしょう。

### 〈内容証明郵便による抗議〉

　違法な税務調査がなされると、違法な資料の収集がなされ、それ自体、誤った修正申告や更正・決定等につながる危険性があります。また、違法性が著しい場合には、それを理由に更正・決定が違法と判断される可能性があります（東京高裁平成3年6月6日判決）。したがって、違法な税務調査がなされた時には、ただちに抗議することが必要となりますが、抗議方法としては、後日の証拠としても残すため、内容証明郵便により抗議するのが望ましいでしょう。

第 **V** 章　税務調査における法的七段論法

> ### 内容証明郵便例

---

### 通　知　書

前略

　弊社は、平成●年●月●日より、貴署の福田氏他4名によるK店の税務調査を受けております。

　しかるに、税務調査の過程において、以下に述べるように、違法行為がありました。よって、弊社は、貴署に対し、違法行為に対する謝罪とともに、ただちに違法行為を是正するよう求めるものです。

　租税職員による質問検査権は、任意調査であり、納税者の協力を得て行うこととされています。そして、質問検査権の具体的な行使においては、質問検査の必要があり、かつ、これと相手方の私的利益との衡量において社会通念上相当な限度にとどまることが必要とされています（前掲最高裁判所第三小法廷昭和48年7月10日決定）。

　しかるに、

⑴　福田氏は、●年●月●日、●時●分ころ、K店において、E子及びH子が居住用として使用する2階に上がるのを拒否し続けたにもかかわらず、その承諾を得ずに無断で2階に上がりました。2階部分は、アコーディオンカーテンにより店舗部分とは一見して明白に区分されたE子及びH子の居住部分であって、プライバシーの保護がより重要視される場所であり、まして女性2人の居住部分であり、見知らぬ男性の臨場を好ましからざるものと思っていたであろうことを考えると、福田氏の行為は、E子及びH子の私的利益を著しく侵害するものであり、違法であると考えます。

⑵　中野氏は、同時刻ころ、1階のレジの金銭調査において、その場にいたパート従業員であるUに命令口調で指示してレジの中の現金の金額を数えさせ、さらに誰の承諾も得ずに、無断で、レジ下の引出し（レジを置いた机の引出し）を持って2階に上がり、引出しの

中の帳簿類の調査をしました。

　Ｕは、原告Ｅ子や訴外Ｈ子とは異なり、Ｋ店の単なるパート従業員にすぎないうえ、中野氏から現金を数えるようにとの指示が命令口調であったため、これに従わなければならないと思って従ったものであって、少なくとも進んで調査に応じたものでなかったことから、承諾に基づかない質問検査権の行使です。また、中野氏がレジ下の引出しを２階に持って上がり、引出しの中の帳簿類の調査をした行為も、ＵやＥ子及びＨ子の承諾に基づかない質問検査権の行使であると認められ、いずれも違法な行為であると考えます。

以上のとおり、税務調査の過程において、違法行為がありました。よって、弊社は、貴署に対し、違法行為に対する謝罪とともに、ただちに違法行為を是正するよう求めるものです。

草々

●●年●月●日

京都府●市●1-1-1
●●税務署長　殿

京都府●市●1-2-3<br>株式会社　●　●<br>代表取締役　●●●●

第 **Ⅴ** 章　税務調査における法的七段論法

## 第六段　錯　　誤

　第六段は、錯誤です。租税職員の違法な指導があり、それに基づき
誤った税務申告をした場合や、一旦行った税務申告に錯誤があったよ
うな場合には、錯誤の主張を検討することが必要となります。
　過去に納税者の錯誤の主張が認められた裁判例を見ていきます。

### 過去に納税者の錯誤の主張が認められた事例

京都地裁昭和45年4月1日判決・行集21巻4号641頁

――――――――――――― 事　案 ―――――――――――――

(1)　合併法人たる原告Xは、昭和38年5月24日、被合併法人Yとの間に、
　原告Xが被合併法人を吸収合併する旨の合併契約を締結し、同年6月15
　日、両法人の株主総会の合併承認決議を経由し、同年11月1日、商号を
　現商号に変更し、同月4日、右合併による変更登記および商号変更登記
　を了し、被合併法人の権利義務を承継しました。

(2)　原告Xは、昭和38年6月1日から合併実行期日の同年10月31日まで
　の期間利益として金744万0735円をあげ、同日開催の取締役会で、右
　期間利益中金530万0220円を、被合併法人の各株主に対し交付金名義
　で利益配当する旨承認可決され、これが被合併法人の最終貸借対照表に
　未払配当金として計上され、右最終貸借対照表に基づき、被合併法人よ
　り合併法人たる原告Xへ引き継がれた債権債務等すべての資産負債が、
　同年11月1日開催された原告Xの臨時株主総会（合併の報告総会）にお
　いて、承認され、原告Xは、合併に際し、額面普通株式198万8,000株
　を発行してこれを被合併法人の株主に交付し、被合併法人より引き継い
　だ右未払配当金を、利益配当に対する源泉所得税を控除のうえ、被合併
　会社の株主に支払い、昭和39年1月、右源泉徴収した所得税を税務署に
　納付しました。

182

第六段 ● 錯　誤

(3)　昭和40年2月中旬頃、原告Xの法人所得計算の調査のため原告本店へ赴いた大阪国税局係官により、金530万0220円が合併交付金として被合併法人の清算所得の対象となるから、直ちに清算所得の申告をするよう催促されました。

(4)　しかし、原告Xは、右株主未払配当金が、清算所得の対象となるとは信じ難く、右調査終了後も清算所得の申告をせず放置していたところ、大阪国税局係官から重ねて電話による催促があったので、原告Xは、昭和40年2月25日、右金530万0220円が清算所得の対象となるものと誤信して、昭和40年2月25日、被合併法人の昭和38年11月4日合併による清算所得につき、清算所得金額を金456万0196円、法人税額を金91万2,020円とした申告書を提出しました。

(5)　課税庁は、昭和40年7月27日、原告に対し、被合併会社の株主に対する利益の配当として被合併会社の株主に交付する金銭は、法人の清算所得に含まれず、配当所得として株主の段階で所得税を課されるべきものであるとして、清算所得金額を金685万6,668円、法人税額を金137万1,320円とした更正処分および無申告加算税額を金9万1,500円とした賦課決定処分をしました。

──────── 判　　決 ────────

(1)　確定申告書の記載内容の錯誤が客観的に明白且つ重大であって、法定の方法以外にその是正を許さないならば、納税義務者の利益を著しく害すると認められる特段の事情がある場合でなければ、法定の方法によらないで確定申告書の記載内容の錯誤を主張することは、許されない（最高裁第一小法廷昭和39年10月22日判決・民集18巻8号1762頁）。

(2)　本件では、合併会社が、「被合併会社の株主に対する利益の配当として被合併会社の株主に交付する金銭は、法人の清算所得に含まれず、配当所得として株主の段階で所得税を課されるべきものである。」という正当な見解の下に、右金銭を、利益配当に対する源泉所得税を控除の上、被合併会社の株主に支払い、右源泉徴収した所得税を税務署に納付し、合併会社の現代表者A個人も被合併会社の株主として支払を受けた右金銭を配当所得として、所得税確定申告をした後、「右金銭は法人の清算

第 **V** 章　税務調査における法的七段論法

所得に含まれる。」という誤った見解に立つ国税局係官の強い申告指導
があったため、合併会社（代表者A）が、錯誤におちいり、右金銭を清
算所得として記載した法人税確定申告書を提出した場合、確定申告書の
記載内容の錯誤が客観的に明白且つ重大であって、法定の方法以外にそ
の是正を許さないならば、納税義務者の利益を著しく害すると認められ
る特段の事情がある場合に該当すると解するのが相当である。

(3)　したがって、原告Xは、本訴において、確定申告書の記載内容の錯誤
を主張することが許される。

---

## 解　説

　本件は、納税者が、法的に正しい見解のもとに正しい税務処理をし
た後、租税職員の誤った見解による強い指導に従い、租税職員の指導
が正しいものと誤信して税務申告書を提出した事案です。この事案に
おいて、課税庁が、後日、税務調査の結果、正しい見解のもとに更正
および賦課決定処分をしたのに対し、処分取消訴訟を提起し、納税者
が勝訴したものです。

　争点は、確定申告書の記載内容について納税者に錯誤があった場合
に、その錯誤主張が認められるか、という点であり、この点について、
裁判所は、「確定申告書の記載内容の錯誤が客観的に明白且つ重大で
あって、法定の方法以外にその是正を許さないならば、納税義務者の
利益を著しく害すると認められる特段の事情がある場合でなければ、
法定の方法によらないで確定申告書の記載内容の錯誤を主張すること
は、許されない」（最高裁第一小法廷昭和39年10月22日判決・民集
18巻8号1762頁）という観点から事実認定し、錯誤主張を認めまし
た。

184

第六段 ● 錯　誤

| 納税者主張整理書面 |
|---|

　錯誤の主張をする場合の「納税者主張整理書面」です。この場合には、法律解釈をし、事実認定をして、事実を当てはめていくことが必要です。したがって、どのような場合に錯誤主張が認められるかの法律解釈をして、事実を示し、法規範に事実を当てはめる、という書面を作成することになります。

---

### 納税者主張整理書面(1)

●●国税局長　御中

昭和●年●月●日

納税者　　　　●●●　㊞
税務代理人税理士　　●●●　㊞

　昭和●年●月●日に開始された貴局の税務調査では、弊社が被合併会社の株主に対する利益の配当として被合併会社の株主に交付する金銭を清算所得として記載した法人税確定申告書を提出したことに対し、清算所得ではない旨のご指摘を受けています。

　そこで、この点に関し、弊社の主張を整理させていただきます。

**第一　確定申告書の内容についての錯誤の存在**

　本件では、確定申告書の内容についての錯誤がありますので、錯誤が生じた経緯について、ご説明申し上げます。

(1)　合併法人たる弊社は、昭和38年5月24日、被合併法人Yとの間に、弊社が被合併法人を吸収合併する旨の合併契約を締結し、同年6月15日、両法人の株主総会の合併承認決議を経由し、同年11月1日、商号を現商号に変更し、同月4日、右合併による変更登記および商

---

185

号変更登記を了し、被合併法人の権利義務を承継しました。

⑵　弊社は、昭和38年6月1日から合併実行期日の同年10月31日までの期間利益として金744万0735円をあげ、同日開催の取締役会で、右期間利益中金530万0220円を、被合併法人の各株主に対し交付金名義で利益配当する旨承認可決され、これが被合併法人の最終貸借対照表に未払配当金として計上され、右最終貸借対照表に基づき、被合併法人より合併法人たる弊社へ引き継がれた債権債務等すべての資産負債が、同年11月1日開催された弊社の臨時株主総会（合併の報告総会）において、承認され、弊社は、合併に際し、額面普通株式198万8,000株を発行してこれを被合併法人の株主に交付し、被合併法人より引き継いだ右未払配当金を、利益配当に対する源泉所得税を控除のうえ、被合併会社の株主に支払い、昭和39年1月、右源泉徴収した所得税を税務署に納付しました。これが正しい処理でした。

⑶　しかるに、昭和40年2月中旬頃、弊社の法人所得計算の調査のため弊社本店へ赴いた貴局係官により、金530万0220円が合併交付金として被合併法人の清算所得の対象となるから、直ちに清算所得の申告をするよう催促されました。

⑷　しかし、弊社は、右株主未払配当金が、清算所得の対象となるとは信じ難く、右調査終了後も清算所得の申告をせず放置していたところ、貴局係官から重ねて電話による催促があったので、弊社は、昭和40年2月25日、右金530万0220円が清算所得の対象となるものと誤信して、昭和40年2月25日、被合併法人の昭和38年11月4日合併による清算所得につき、清算所得金額を金456万0196円、法人税額を金91万2020円とした申告書を提出しました。

### 第二　確定申告書の内容に錯誤がある場合の判断基準

確定申告書の記載内容に錯誤がある場合に、納税者が錯誤主張をすることが許されるかどうかの判断基準については、「確定申告書の記載内容の錯誤が客観的に明白且つ重大であって、法定の方法以外にその

是正を許さないならば、納税義務者の利益を著しく害すると認められる特段の事情がある場合でなければ、法定の方法によらないで確定申告書の記載内容の錯誤を主張することは、許されない」（最高裁第一小法廷昭和39年10月22日判決・民集18巻8号1762頁）とされています。

したがって、

① 確定申告書の記載内容の錯誤が客観的に明白且つ重大であるか

② 法定の方法以外にその是正を許さないならば、納税義務者の利益を著しく害すると認められる特段の事情がある場合であるか

が検討されることになります。

### 第三　当てはめ

(1)　本件では、弊社は、「被合併会社の株主に対する利益の配当として被合併会社の株主に交付する金銭は、法人の清算所得に含まれず、配当所得として株主の段階で所得税を課されるべきものである。」という正当な見解の下に、右金銭を、利益配当に対する源泉所得税を控除の上、被合併会社の株主に支払い、右源泉徴収した所得税を税務署に納付し、合併会社の現代表者Ａ個人も被合併会社の株主として支払を受けた右金銭を配当所得として、所得税確定申告をした後、これが清算所得となると誤信して、清算所得と記載して確定申告書を提出したものであり、「確定申告書の記載内容の錯誤が客観的に明白且つ重大である」と言えます。

(2)　そして、弊社は当初正しい見解のもとに税務処理をしたにもかかわらず、「右金銭は法人の清算所得に含まれる。」という誤った見解に立つ貴局係官の強い申告指導があったため、弊社が、錯誤におちいり、右金銭を清算所得として記載した法人税確定申告書を提出したものであって、「法定の方法以外にその是正を許さないならば、納税義務者の利益を著しく害すると認められる特段の事情がある場合である」と言えます。

**第四　結　論**

　以上より、本件で、弊社は錯誤の主張が可能であって、期限内申告書の提出がなかったことについて、「正当な理由」があると考えておりますので、再度ご検討をお願い申し上げる次第です。

以上

第七段 ● 理由附記

# 第七段　理由附記

　税務調査の結果、課税庁が更正をする場合、納税者が青色申告承認を受けているときは、更正通知書に、更正の理由を附記しなければならないこととされています（所得税法155条2項、法人税法130条2項）。この規定に違反し、更正に理由附記をしない場合や理由附記に不備がある場合には、処分が違法となり、処分取消の対象となります。

　したがって、税務調査が終了し、更正等の処分がされたとしても、その更正通知書の理由を検討し、再調査の請求や審査請求を行うかどうかを検討することが必要となります。

## 記載された理由が不備であるとして処分取消訴訟を提起した事例

大阪高裁平成25年1月18日判決・判時2203号25頁

─────── 事　案 ───────

(1)　原告Xは、H市が全額寄附をし、昭和47年5月11日に大阪府から設立許可を受けて、民法34条（改正前）の規定により設立された財団法人であって、法人税法2条6号、別表第二（改正前）に該当する公益法人等でした。原告Xは、法人税の青色申告の承認を受けていました。

(2)　原告Xは、その行う事業を平成16年3月期及び平成17年3月期は、公益事業会計、収益事業会計及び不法投棄調査収集事業会計の3つの事業に区分して経理し、平成18年3月期及び平成19年3月期は、公益事業会計及び収益事業会計の2つの事業に区分して経理していました。

(3)　原告Xは、本件各事業年度において、収益事業会計として区分していた事業のみを法人税法2条13号に規定する収益事業に該当するとして、本件各事業年度の法人税の確定申告をしました。

(4)　処分行政庁は、原告Xが営む事業のうち、平成16年3月期及び平成17年3月期において公益事業会計及び不法投棄調査収集事業会計に区分

189

第 **V** 章　税務調査における法的七段論法

して経理していた事業並びに平成18年3月期及び平成19年3月期において公益事業会計に区分して経理していた事業についても収益事業に該当するとして、平成19年11月28日付けで、原告Xに対し、更正処分及び各過少申告加算税賦課決定処分をしました。

(5)　本件各更正処分に係る各法人税額等の更正通知書に付された更正の理由は、収益事業収入計上漏れとして、原告がH市と締結した各種委託契約に基づき受ける委託料及び民間の者からの委託に基づき行った自動車の撤去により受ける受託料並びにH市補助金交付指令により、派遣職員の人件費及び社屋の賃貸料に充当あるいは補助することに使途を限定されて受ける補助金は、法人税法2条13号に規定する収益事業の収入に該当するというものでした。

――――――――――― **判　　決** ―――――――――――

(1)　法人税法130条2項は、青色申告に係る法人税について更正をする場合には、更正通知書にその更正の理由を附記すべきものとしている。これは、更正処分庁の判断の慎重、合理性を担保してその恣意を抑制するとともに、更正の理由を相手方に知らせて不服申立ての便宜を与える趣旨によるものと解される。

(2)　そして、一般に法が行政処分に理由を附記すべきものとしている場合に、どの程度の記載をすべきかは、処分の性質と理由附記を命じた各法律の規定の趣旨・目的に照らして決定すべきである（最高裁昭和38年5月31日判決・民集17巻4号617頁）ところ、帳簿書類の記載を否認して更正をする場合においては、法人税法が青色申告制度を採用し、青色申告に係る所得の計算については、それが法定の帳簿組織による正当な記載に基づくものである以上、その帳簿の記載を無視して更正されることがないことを納税者に保障した趣旨に鑑み、単に更正に係る勘定科目とその金額を示すだけではなく、そのような更正をした根拠を帳簿記載以上に信憑力のある資料を摘示することによって具体的に明示することを要するものというべきである。

(3)　他方、帳簿書類の記載自体を否認することなしに更正をする場合にお

いては、その更正は納税者による帳簿の記載を覆すものではないから、そのような更正をした根拠について帳簿記載以上に信憑力のある資料を摘示することは要しないが、更正の根拠を、上記の更正処分庁の恣意抑制及び不服申立ての便宜という理由附記制度の制度目的を充足する程度に具体的に明示するものであることを要すると解され、更正処分庁が当該評価判断に至った過程を検証しうる程度に記載する必要があるというべきである（以上につき、最高裁昭和60年判決）。

(4)　また、更正の理由附記は、単に納税者に更正の理由を示すに止まらず、更正の妥当公正を担保する趣旨をも含むものであるから、更正の理由を納税者が推知できる場合であっても、その理由を納税義務者が推知できると否とにかかわりがなく、附記すべき理由の程度が緩和されるものではないというべきである（最高裁昭和38年12月27日判決・民集17巻12号1871頁参照）。

(5)　更正の通知書には、「収益事業収入計上漏れ」として、契約書名等を個々に明記し、該当する各事業の契約及び金額を指摘して所得に加算しており、帳簿についても書類についても何ら否認する旨の記載もないこと、当該契約書に記載されている金額及び控訴人が作成していた帳簿書類の記載と、本件各附記理由及びその別紙1「計上漏れ収益事業収入一覧表」に記載されている金額とが、一致することが認められる。上記事実によると、本件各更正処分は、いずれも控訴人の受託業務、当該業務の契約年月日及び計上漏れとなっていた金額についての帳簿上の記載を覆すことなく、これらをそのまま肯定した上で、かかる業務が法人税法上の収益事業に該当するという法的評価により更正したものであることが認められるので、本件各更正処分は、帳簿書類の記載自体を否認することなしにされた更正処分である。

(6)　本件訴訟における被控訴人の主張等に照らすと、処分行政庁は、本件各更正処分をした理由として、①本件各事業がいずれも法人税法施行令5条1項10号に規定する「請負業（事務処理の委託を受ける業に含む。）」に該当するものであり、②また、控訴人が受領する対価が事務処理のために必要な費用を超えないこと等について法令の規定が存在しないため、本件各事業は、法人税法施行規則4条の3が定める要件（実費弁償

第 **Ⅴ** 章　税務調査における法的七段論法

原則）を満たさず、③さらに、本件各事業の契約書等をみても、実費弁償により行われる旨の規定が存在せず、剰余金を原資として借入金を返済しても、それが実費弁償に当たるものではないうえ、本件各事業について処分行政庁の事前確認も得ていないので、本件各事業は、実費弁償通達が定める実体要件及び手続要件の双方を満たすものではない旨判断したことが認められる。

(7)　ところが、本件各附記理由には、法人税法施行令5条1項10号、同施行規則4条の3、実費弁償通達の各規定や、その適用関係についての判断過程の記載が一切ないことから、本件各附記理由の記載自体からは、処分行政庁が本件各更正処分をするに当たり、そうした法令等の適用関係やその判断過程を経ていることを検証することができない。

(8)　本件各附記理由は、法人税法130条の求める理由附記として不備があるものといわざるを得ない。

## 解　説

本件は、更正通知書に記載された更正の理由について、理由附記として不備があるかどうかが争われた事例です。

理由附記にどの程度の記載を求めるかについては、最高裁昭和60年4月23日判決・百選第6版108事件により、2つの場合分けがされています。すなわち、

①　帳簿書類の記載を否認して更正をする場合においては、法人税法が青色申告制度を採用し、青色申告に係る所得の計算については、それが法定の帳簿組織による正当な記載に基づくものである以上、その帳簿の記載を無視して更正されることがないことを納税者に保障した趣旨に鑑み、単に更正に係る勘定科目とその金額を示すだけではなく、そのような更正をした根拠を帳簿記載以上に信憑力のある資料を摘示することによって具体的に明示することを要するものというべきであるとされ、

②　他方、帳簿書類の記載自体を否認することなしに更正をする場

合においては、その更正は納税者による帳簿の記載を覆すものではないから、そのような更正をした根拠について帳簿記載以上に信憑力のある資料を摘示することは要しないが、更正の根拠を、上記の更正処分庁の恣意抑制及び不服申立ての便宜という理由附記制度の制度目的を充足する程度に具体的に明示するものであることを要すると解され、更正処分庁が当該評価判断に至った過程を検証しうる程度に記載する必要があるというべきであるとされています。

本判決も、この基準に則り、本件更正処分は帳簿記載を否認しないでしたものであると認定した上で、法律や通達の適用関係や判断過程の記載がないことを理由として、理由不備を認定したものです。

## 納税者主張整理書面

更正・決定に対する不服申立手段としては、再調査の請求と審査請求があり、どちらを選択するか、慎重に検討すべきですが、ここでは、再調査の請求を求める場合の例を記載します。

# 再調査の請求書

●●税務署長　殿

平成●年●月●日

再調査の請求人
住　　　　　所
法　人　　　名
代　　表　　者
法　人　番　号

代　　理　　人
住　　　　　所
事　　務　　所
税　　理　　士

下記の処分について不服があるので、再調査の請求をします。

## 第1　再調査の請求に係る処分の内容（原処分）

1　原処分庁　H税務署
2　原処分日　平成●年●月●日
　　原処分の通知書を受けた年月日　平成●年●月●日
3　原処分名
　　法人税更正　平成16年3月期から平成19年3月期

## 第2　再調査の請求の趣旨

原処分の全部の取消しを求めます。

第七段 ● 理由附記

### 第3　再調査の請求の理由

**1　結　　論**

　原処分の各更正の通知書記載の更正の理由に不備があるので、原処分の全部の取消しを求める次第です。

**2　更正の通知書記載の更正の理由**

　原処分に係る各法人税額等の更正通知書に付された更正の理由は、収益事業収入計上漏れとして、請求人がH市と締結した各種委託契約に基づき受ける委託料及び民間の者からの委託に基づき行った自動車の撤去により受ける受託料並びにH市補助金交付指令により、派遣職員の人件費及び社屋の賃貸料に充当あるいは補助することに使途を限定されて受ける補助金は、法人税法2条13号に規定する収益事業の収入に該当するというものでした。

**3　更正の理由に不備があるかどうかの判断基準**

　理由附記にどの程度の記載を求めるかについては、最高裁昭和60年4月23日判決・百選第6版108事件により、2つの場合分けがされています。すなわち、

①　帳簿書類の記載を否認して更正をする場合においては、法人税法が青色申告制度を採用し、青色申告に係る所得の計算については、それが法定の帳簿組織による正当な記載に基づくものである以上、その帳簿の記載を無視して更正されることがないことを納税者に保障した趣旨に鑑み、単に更正に係る勘定科目とその金額を示すだけではなく、そのような更正をした根拠を帳簿記載以上に信憑力のある資料を摘示することによって具体的に明示することを要するものというべきであるとされ、

②　他方、帳簿書類の記載自体を否認することなしに更正をする場合においては、その更正は納税者による帳簿の記載を覆すものではないから、そのような更正をした根拠について帳簿記載以上に信憑力のある資料を摘示することは要しないが、更正の根拠を、上記の更

正処分庁の恣意抑制及び不服申立ての便宜という理由附記制度の制度目的を充足する程度に具体的に明示するものであることを要すると解され、更正処分庁が当該評価判断に至った過程を検証しうる程度に記載する必要があるというべきであるとされる、
というものです。

4　本件は、①②どちらの更正か

　本件更正の通知書には、「収益事業収入計上漏れ」として、契約書名等を個々に明記し、該当する各事業の契約及び金額を指摘して所得に加算しており、帳簿についても書類についても何ら否認する旨の記載もないこと、当該契約書に記載されている金額及び請求人が作成していた帳簿書類の記載と、本件各附記理由及びその別紙1「計上漏れ収益事業収入一覧表」に記載されている金額とが、一致することが認められる。上記事実によると、原処分は、いずれも請求人の受託業務、当該業務の契約年月日及び計上漏れとなっていた金額についての帳簿上の記載を覆すことなく、これらをそのまま肯定した上で、かかる業務が法人税法上の収益事業に該当するという法的評価により更正したものであることが認められるので、本件各更正処分は、上記②の帳簿書類の記載自体を否認することなしにされた更正処分であると考えます。

5　当てはめ

　そうすると、本件更正の通知書においては、更正の根拠を、更正処分庁の恣意抑制及び不服申立ての便宜という理由附記制度の制度目的を充足する程度に具体的に明示するものであることを要すると解され、更正処分庁が当該評価判断に至った過程を検証しうる程度に記載する必要があることになります。

　これを本件に当てはめてみると、本件各附記理由には、法人税法施行令5条1項10号、同施行規則4条の3、実費弁償通達の各規定や、その適用関係についての判断過程の記載が一切ないことから、本件各

第七段 ● 理由附記

附記理由の記載自体からは、処分行政庁が原処分をするに当たり、そうした法令等の適用関係やその判断過程を経ていることを検証することができません。

　したがって、本件各附記理由は、法人税法130条の求める理由附記として不備があるものといわざるを得ませんので、原処分の全部の取消しを求める次第です。

　　　　　　　　　　　　　　　　　　　　　　　　　　　　　以上


【添付書類】

1　委任状

2　更正の通知書写し

## 付録

### 納税者主張整理書面作成のための時系列表と納税者主張整理表
～時系列表と納税者主張整理表の作成の必要性～

　法的七段論法による「納税者主張整理書面」を作成するためには、法的三段論法による整理が必要となります。法的三段論法は、法規範に事実を当てはめて結論を出すことです。したがって、まずは事実を整理することが必要となってきます。

　そして、事実は、証拠によって初めて訴訟において認定されることになりますので、その事実がどのような証拠によって証明されるのかを紐付けておく必要があります。そのために作成するのが時系列表です。

　税務調査においては、納税者が行った過去の税務処理が調査の対象となります。そして、修正申告の勧奨又は更正・決定等は、納税者が行った過去の処理が誤りであるとして否認されることによって行われます。したがって、そこには、納税者と課税庁との見解の相違が発生してきます。その争点を明らかにして、争点に対する課税要件が満たされているかどうかを整理する必要があります。そのために作成するのが主張整理表です。

　これらの時系列表と主張整理表を作成することにより、「納税者主張整理書面」の作成が容易になることでしょう。

第 **V** 章　税務調査における法的七段論法

## 時系列表

| 年月日 | 納税者<br>主張事実 | 課税庁<br>主張事実 | 証　　拠 | 動かし難い<br>事実に○ |
|:---:|:---:|:---:|:---:|:---:|
| ・　・ | | | | |
| ・　・ | | | | |
| ・　・ | | | | |
| ・　・ | | | | |
| ・　・ | | | | |
| ・　・ | | | | |
| ・　・ | | | | |
| ・　・ | | | | |
| ・　・ | | | | |
| ・　・ | | | | |
| ・　・ | | | | |
| ・　・ | | | | |
| ・　・ | | | | |
| ・　・ | | | | |

**※時系列表作成上の留意点**
1　「事実」と「評価」を分け、事実のみを記載する。
2　事実は、できる限り具体的な事実を記載する。
3　証拠は客観的な証拠を優先するが、事実の証明を助ける全ての証拠を記載する。
4　証拠は、見方によって納税者の主張の証明を助けると同時に課税庁の主張証明を助けることもあるが、その際は、両方の証拠欄に記載する。
5　「動かし難い事実」は、客観的な証拠によって証明され、覆すことが難しい事実に○をつける。
6　時系列表を作成したら、動かし難い事実をつなぎ合わせ、仮説としてのストーリーを作ります。

**付録** ● 納税者主張整理書面作成のための時系列表と納税者主張整理表

**主張整理表**

## 納税者主張整理表

| 納税者名 | 税目 | 税務署 | 担当者名 | 調査開始日 |
|---|---|---|---|---|
|  |  |  |  |  |

（納税者の処理）

（課税庁による指摘内容）

（関係法令、通達の条項及び文言）

（法律上の課税要件）

| （納税者主張法律解釈） | （課税庁主張法律解釈） |
|---|---|
| （納税者主張事実） | （課税庁主張事実） |
| （動かし難い事実） | （動かし難い事実） |
| （納税者主張当てはめ） | （課税庁主張当てはめ） |

第 **V** 章　税務調査における法的七段論法

## ※**納税者主張整理表作成上の留意点**

1　法律解釈、事実、当てはめを明確に分けて記載する。
2　納税者主張と課税庁主張の違いが明確になるように記載する。
3　法律及び通達の条文を直接確認し、省略せずに正確に記載する。
4　法律解釈は、裁判例があれば引用し、裁判所名、判決年月日、引用文献、TAINS コードなどを記載する。
5　課税庁主張事実に合致する「動かし難い事実」、納税者主張と矛盾なく説明できるかどうか、検討する。

## プロフィール

**谷原　誠**（たにはら　まこと）

1968 年生まれ。明治大学法学部卒業。
弁護士、税理士
弁護士法人みらい総合法律事務所代表社員。
『税務のわかる弁護士が教える　相続税業務に役立つ民法知識』『税務のわかる弁護士が教える　税理士損害賠償請求の防ぎ方』（ぎょうせい）、「税理士に対する損害賠償請求に対する対応と予防策〜クライアントと契約書を締結する際の注意点」（税経通信 2016 年 8 月号）、その他実務書、ビジネス書など著書多数。

税務のわかる弁護士が教える
## 税務調査に役立つ " 整理表 "
―納税者勝訴判決から導く " 七段論法 "―

令和元年 5 月 20 日　第 1 刷発行

著　者　谷原　誠

発　行　株式会社 **ぎょうせい**

〒136-8575　東京都江東区新木場 1 - 18 - 11
電話　編集　03-6892-6508
営業　03-6892-6666
フリーコール　0120-953-431

〈検印省略〉

URL：https://gyosei.jp

印刷　ぎょうせいデジタル㈱　　　　©2019 Printed in Japan
※乱丁・落丁本はお取り替えいたします。

ISBN978-4-324-10646-4
(5108516-00-000)
〔略号：弁護士調査〕

# "税務のわかる弁護士が教える"関連シリーズ

**弁護士・税理士　谷原　誠【著】**

## 税務のわかる 弁護士が教える
## 相続税業務に役立つ民法知識

A5判・定価(本体2,500円+税)　　電子版 本体2,500円+税
※電子版は ぎょうせいオンラインショップ 検索 からご注文ください。

民法を知らないと相続税業務が進まない……
民法相続編の内容が相続税申告の流れに
沿った解説でよく分かる!!

改正相続法対応!!

| 主要目次 | | |
|---|---|---|
| 相続税申告までのスケジュール | 第5章 | 相続分 |
| 第1章　遺言書の確認 | 第6章 | 遺産分割(略) |
| 第2章　相続人の確定(略) | 第7章 | 遺留分(略) |
| 第3章　相続人の承認・放棄 | 第8章 | 財産分離・相続回復請求(略) |
| 第4章　相続財産の確定(略) | 第9章 | 相続法改正 |
| | 資料編 | |

## 税務のわかる 弁護士が教える
## 税理士損害賠償請求の防ぎ方

A5判・定価(本体2,000円+税)　　電子版 本体2,000円+税
※電子版は ぎょうせいオンラインショップ 検索 からご注文ください。

業務プロセスを証拠化して損害賠償請求から税理士を守る!! 業務の範囲を明確にする契約書や、説明助言すべきことを、証拠化する——等々により、
損害賠償請求から税理士を守る根本的な解決法が分かる!!

| 主要目次 | | |
|---|---|---|
| 第1章 | 税理士の損害賠償責任の法的根拠 | |
| 第2章 | 税理士に対する損害賠償責任の判断の枠組み | |
| 第3章 | 税理士に対する損害賠償責任の裁判例 | |
| 第4章 | 税理士に対する損害賠償を防止するために | |
| 第5章 | 損害賠償請求を受けたとき | |

---

フリーコール
TEL：0120-953-431 [平日9～17時]　FAX：0120-953-495
〒136-8575 東京都江東区新木場1-18-11　https://shop.gyosei.jp　ぎょうせいオンラインショップ 検索